大

DAXUE
WO GAI ZENME DU

我该怎么读

何 芳 ◎ 编著

学

 四川大学出版社

责任编辑：周　艳
责任校对：黄蕴婷
封面设计：李　品
责任印制：王　炜

图书在版编目（CIP）数据

大学，我该怎么读 / 何芳编著. —成都：四川大
学出版社，2018.6（2025.6重印）
ISBN 978−7−5690−1978−0

Ⅰ.①大…　Ⅱ.①何…　Ⅲ.①大学生−学生生活
Ⅳ.①G645.5

中国版本图书馆 CIP 数据核字（2018）第 144670 号

书　名	大学，我该怎么读
编　著	何　芳
出　版	四川大学出版社
地　址	成都市一环路南一段 24 号（610065）
发　行	四川大学出版社
书　号	ISBN 978−7−5690−1978−0
印　刷	合肥市星光印务有限责任公司
成品尺寸	145 mm×210 mm
印　张	8.375
字　数	170 千字
版　次	2019 年 1 月第 1 版
印　次	2025 年 6 月第 2 次印刷
定　价	59.80 元

◆读者邮购本书，请与本社发行科联系。
　电话：(028)85408408/(028)85401670/
　(028)85408023　邮政编码：610065
◆本社图书如有印装质量问题，请
　寄回出版社调换。
◆网址：http://press.scu.edu.cn

前言

"如果大学可以重来，你想如何度过？"几位即将大学毕业的同学聚在一起聊起了这个话题。

"如果大学可以重来，我一定要轰轰烈烈地谈一场恋爱！"从没谈过恋爱的梅子不无遗憾地长叹了一口气说，"校园里的情侣成双成对，卿卿我我的样子，总是让我艳羡不已。"

"不！我的想法却相反。如果大学可以重来，我不想再有轰轰烈烈的爱情了，我只想好好读书……"说这话的是曾轰轰烈烈恋爱过好几次，并被伤得体无完肤的漂亮女生小可。

"如果大学可以重来的话，我绝对不会买电脑，是游戏毁了我的大学四年。"做了四年宅男的游戏迷小胡长叹一口气说道。

"假如让我再读一次大学，我想跟寝室里的几个人好好地道个歉。"略微落寞的小王在大学里跟室友的关系一直不好，动不动就吵架，甚至还动过手。

如果大学可以重来……

是啊，大学生活如此美好，但没有人会说自己的大学生活是完美的，大家或多或少都有这样或者那样的遗憾。

新东方创始人俞敏洪为了考上自己心仪的大学，连续参加了三次高考，最终如愿考入了北京大学。俞敏洪在北京大学度过了他人生中很重要的一段时光。后来他因为表现出色，获得了留校任教的机会。尽管俞敏洪后来离开北京大学，但在以后的日子里，俞敏洪不只一次地在公开场合表示："北大是改变了我一生的地方，是提升了我自己的地方，是使我从一个农村孩子最后走向了世界的地方。毫不夸张地说，没有北大，肯定就没有我的今天。"

其实俞敏洪的这种大学情结在我们许多人身上都有体现。我们在日常生活中经常听到大学毕业生说这样的话："我们骂母校没有关系，但决不允许别人对母校口出恶言。"这种对大学的复杂感情也正如俞敏洪在北京大学的演讲中所言："大学给我留下了一连串美好的回忆，大概也留下了一连串的痛苦。正是在美好和痛苦中间，在挫折、挣扎和进步中间，最后找到了自我，开始为自己、为家庭、为社会做一点事情。"

在我们刚刚走入大学之际，由于对大学的不了解，难免会有些迷茫，怎么学习，怎么与人相处，进入大学之后，以前的学习方法还行得通吗？

譬如，在进入大学之前，一些家长和老师灌输给我们的要做"好学生"的观念，上课要认真听讲，要对老师的言听计从，不旷课、不迟到、不谈恋爱。这种思想深深植入了一些人的脑海，在潜移默化之中，他们会按照家长和老师的要求将做一个"好学生"的想法一直贯彻下去。

但有没有想过，大学里是否也需要这样的"好学生"？

一些教育学家曾经做过一个很有意思的调查，不管哪个领域的成功人士，譬如政治家、企业家、文学家、科学家等，他们在大学生涯中符合"好学生"特征的只有不到10%。也就是说，在这些成功人士当中，有90%以上的人都不是父母和老师眼中的好学生，比如数学考试交白卷的丘吉尔，成绩总不及格的普京，蝉联世界首富多年的比尔·盖茨。

当然，我们并不能否定"好学生"的价值，我们在这里只是想批判种种旧的观念。

国学大师陈寅恪先生曾经用"自由"二字概括大学精神。大学的自由本是一种学术上和精神上的自由，但现在我们也能听到许多大学生用"时间充裕"来解释自由。我们无意否定这一种解释，相较于初中生、高中生，大学生的确有了更多的课余时间，这本身并不是什么坏事。只是，在当今大学校园，我们经常可以看到一些学生滥用时间。有多少人能够将这时间充分利用起来呢？

哈佛大学图书馆的墙上有这样一句话："此刻打盹，你将做梦；此刻行动，你将圆梦。"我想，这句话送给当今大学生是再合适不过的了。

大学是一趟单程列车，没有回程的车票。我们出版这本书的目的并不是帮助大学生回忆大学时光，而是为了让更多的人明白：没有下一个大学可以重来，唯有珍惜现在才能换来更少的"如果"。如果你尚在大学之中，不妨静下心来，想想自己的大学，想想自己的未来，这一切，都只是为了在将来我们能够少一些对大学生活的遗憾，为了让我们的大学生活变得更加充实，更有意义！

目录

第六章
好习惯成人，坏习惯毁人

第七章
完成从校园人向社会人的过渡

第一章

大学是场"成人礼"

　　大学之大，不在于学校和所处城市的面积。作为大学生，我们要明白这个"大"字的真正含义，大学对我们来说就是一场"成人礼"，没有人会帮我们铺床叠被，也没有人会容忍我们的撒娇耍泼。明白上大学对我们的意义，才能明白自己出门远行的真正目的。

尽快戒除对父母的感情依赖

每年九月份大学开学时，一些大学城旁的出租屋都会出现人满为患的现象。而且，这种火爆的现象不只是持续几天而已。令人奇怪的是，这些租客并不是学生，而是学生的家长。

很多人可能不理解，送孩子上大学很正常，但有必要长住下去吗？孩子的入学手续办好了，顶多陪他们两天不就可以回家了吗？

但事实远非我们想象的那么简单，这些家长此行的目的并不只是送孩子上学，他们中的很多人都是过来"陪读"的。

陪读，顾名思义就是陪着子女读书，照顾他们的饮食起居。我们在求学中可能见到过这种情况，一些父母视子女为掌上明珠，不放心孩子一个人在外求学，于是便到子女的学校陪着他们，好让他们得到更好的照顾。

一般来说，这种现象多出现在初中和高中，因为初中生和高中生多是未成年人，自理能力比较差，这时父母过来陪读，能让孩子可以一心一意地扑在学习上面。

但是，为什么到了大学，还会出现这种情况呢？

众所周知，我国小学生的入学年龄为 6 周岁，如果没有跳级的话，那么正常情况下，一个人上大学时的年纪应该为 18 岁。而 18 岁，正是一个人成年的标志。

有了这个标准我们回过头再看看"陪读"现象，一个 18 岁的人还需要父母的陪读，这是为什么呢？难道这些需要父母陪读的大学生都没有最基本的生活自理能力？

一位陪儿子读大学的母亲说："其实我陪儿子读书，并不是要去照顾他的生活，我的工作就是'心理陪读'。"

这便是问题的答案。许多大学生在父母的庇护下长大，小学、初中、高中都是在本地，所以一旦千里迢迢地奔赴外地上学，心理上难免会对父母产生依赖。子女对父母的这种感情依赖很常见，可以说，我们每个人都会有这样的经历。但是，如果我们上了大学后，还对父母有过多的感情依赖，那么这种现象就是一种畸形的"断奶障碍"。

过度的感情依赖会给人带来困扰。我们不可能永远不长大，父母也不可能永远陪在我们身边。那么，该如何戒除对父母的感情依赖呢？

首先，要学会最基本的自理能力。一个人上了大学就必须要明白：一些生活琐事只有我们自己能够解决。刚开学的时候，我们可以自己找报名处、寝室，自己铺床叠被，从这些简单的事情做起，慢慢培养自理能力。如果我们不开始做这些小事，那么我们以后可能永远都不会做。网上曾经流传过这样一个小故事：一个刚上大学的小伙子，从小娇生惯养，在学校时自己不洗衣服，每个月都将穿脏的衣服寄给母亲，然后由母亲洗干净再寄过来，如此反复，持续了四年。看完这个故事我就想，这孩子以后工作了怎么办呢？难道还把衣服寄给母亲洗？我们只有从小事做起，并一点一点地去做，才能最终养成自理的习惯。

其次，开阔自己的眼界，分散自己的感情寄托。我们在陌生环境中难免会想念家人、朋友，此时如果我们一味地逃避陌生，那么我们永远都只是个长不大的孩子。作为一个人，我们必须要明白，情感上的独立是戒除感情依赖的最佳办法，如果我们能够很好地跟身边的人打成一片，人生何处不是家呢？

最后，大学生应该在校园里多做一些能够磨炼自己意志的事。简单来说，就是应该多吃些"苦头"。俗话说，艰难困苦，玉汝于成。一个没有经历磨炼的人很难长大。或许大学的优越环境给不了我们太多的历练，但是我们可以自己多去经历。早起跑步、参加一些社团活动、做些兼职等，这些都可以促进我们成长。

零遗憾忠告：

　　作为一名大学生，我们应该清楚这个"大"字的含义，它代表着一种身份，也代表着一种心理上的成熟，更代表着一种积极向上的生活态度。想做一只展翅翱翔的苍鹰，就必须先让自己脱离温暖的鸟巢。如果到了该断奶的年纪却还不断奶，这种心理上的过度依赖迟早会成为我们的心理负担。只有勇敢地戒掉依赖，我们才能明白，我们自己才是人生最坚实的依靠。

经济独立从大学开始

　　我曾在一家网站上看到了这样一则新闻：某法院审结了一起大学生向父亲索要抚养费的纠纷案。正在读大学二年级的韩某因超过了 18 周岁，她要求父亲支付学费的诉讼请求被法院驳回。

　　很多人不明白，韩某虽然已经年满 18 岁，但她毕竟还只是一个在校大学生，没有经济能力，法院为什么会判她败诉呢？

　　其实法院的依据很简单，法律规定，年满 18 周岁即为成年人。成年就意味着具备独立生活的能力，应当自己负担生活费用（当然包括学费）而不再依靠父母，即所谓的"十八自立"。

当然，韩某的情况只是一个个例，但是我们从这则案例中也可以得出一个结论：到了 18 岁，也该有点自立能力了。

我国的大学生进入大学时年龄大都在 18 岁左右，但是囿于学生身份，他们中的大多数人都还得依靠父母，学费、生活费，这些都靠父母支援。这在很多人看来似乎是天经地义的事，他们认为读大学父母不出钱谁出钱？

我们必须解释清楚"经济独立"的含义。我们说大学生经济独立并不是指那种可以脱离父母养育的完全独立，而是部分独立。比如说，我们不能挣到学费，但是难道不能挣到生活费？如果挣生活费也存在困难，那也可以做点小事给自己添几件衣服。是什么造成很多中国大学生享受"安逸"呢？

我们当然不能把原因完全归结于父母的溺爱，很少会有不爱子女的父母。我认为，我们应该在大学生身上找问题。年少时可以将父母的疼爱当成一种亲情馈赠，在我们羽翼尚未丰满之前，父母的庇护能够让我们更好地成长。但是，一旦我们长大成人，我们就不得不思考一下，凡事依靠父母还行得通吗？

张爱玲说，出名要趁早。而对大学生来说，经济独立也要趁早，独立得越早，就能觉醒得更早，成长得更快。其实，大学生需要经济独立并不完全是为了分担家里的经济压力，也是因为经济独立能够帮助大学生培养一种自立意识以及许多难能可贵的性格品质。

前几天大学同学聚会，我见到了阔别已久的老同学张琳。几年没见，张琳俨然已经是一副老板的模样了。在得知她已经是一家上市公司的老总之后，我并没有像一些同学那样表现出过多的惊讶，因为我知道，对张琳来说，成功只不过是时间早晚的问题。

我之所以会这么想，是因为我了解张琳。我还记得，张琳在刚进大学时曾经跑到图书城拉来好几箱图书放在宿舍。当时我就问她："你买这么多书来不是要自己看吧？"

张琳笑笑说："哪里，我是想把这些书卖了，挣点小钱。"

当时我还特别不解，照理说，张琳的家境并不差，父母都是工薪阶层，供她上大学应该是绰绰有余的，再说，勤工俭学也没必要这么早吧。

不过张琳对我解释道："父母的钱毕竟不是我们自己挣的，自己挣钱自己花，那才有味嘛！"

此后，张琳每天晚上都会抱一箱子书拿下去卖。不出一个月，这些旧书就全部卖光了，她也因此小赚了一笔。

后来张琳的生意越做越大，还成立了自己的销售团队。大学四年，张琳只用父母的钱交过大一的学费，此后，她一直都是自给自足。

而且，在与张琳相处的过程中我还发现，与许多富家女不同，张琳手上有钱的时候从来不乱花，除了学费和生活费，张琳都会严格控制自己的收支。

别的同学花父母的钱买衣服，做发型，互相攀比，但张琳从来不在此列。对此，她曾经笑呵呵地跟我解释说："自己挣钱了才知道挣钱的难处，哪还有乱花的道理。"

所以，在这次同学会上，我对张琳的成功没有表现出过多的惊讶，凭她的经济头脑和能力，成功不是水到渠成的事儿吗？

同学张琳的故事揭示了一个道理：经济独立最大的意义不在于挣多少钱，而在于它能够培养人的经济独立意识。

或许有人会认为，大学生毕竟还只是学生，他们能够在学校里实现全部或者部分经济独立固然是好的，但是如果他们不想去做，那也无可厚非。

其实这是掉入了定位误区。大学生的学生身份是毋庸置疑的，但我们也应该看到，大学生作为成年人应该对自己生活负责。只有在大学里走出经济独立的第一步，我们走上职场和社会后才不至于手足无措。

零遗憾忠告：

吃软饭的人永远长不大。到了成年人的年纪，就该有点成年人该有的担当，别把学生身份当成逃避工作的幌子。我们有健全的双手，能够创造出属于自己的财富。在大学里就具备一定经济独立能力的人，无论在物质上和精神上，都能得到更多。

再无人督促，学习要靠自控力

去年，我一个朋友的儿子考上了重点大学，这本是值得庆祝的事情，但后来孩子却因为不能适应大学的学习氛围而休学了，这让整个家庭困扰不已。

作为家中独子，这个孩子承载着父母甚至祖辈的全部希望。从小学开始，父母就非常重视他的学习，时时督促着，每个寒暑假他都是在家庭辅导老师的陪伴下度过。父母的重视，加上孩子的努力，高考的成功当然是意料之中。

但正是由于父母的这种督促从小伴随着他，让他养成了被动学习的习惯，以至于进入大学之后，没有了来自父母的外在压力，学习成绩一落千丈，再加上重点大学中优秀学生众多，他的心理压力陡然上升，所以不能适应。

有人可能会说，这样的情况毕竟是少数。

确实，这样的事情并不多，但是这个事例很好地说明了一个问题，那就是大学是人生的一个新阶段，要以一种新的心态和面貌去面对。大学之前父母和老师加压督促，让很多人度过了奋战高考的高压紧张时期。进入大学之后，在相对宽松的环境中要重新开启一个自我督促的新学习模式，这样才能让我们更快地适应大学的学习节奏，更好地吸收可用知识，完成从中学生到大学生的身份和学习模式转型。

那么，如何在大学学习过程中增强自控力呢？答案就是：学会自我控制，掌握学习的主动权。

具体来说，大学生可以从以下几个方面来调整自己的学习生活状态，这样在无人督促的情况下就依然能学会自我控制，还能在管住自己的同时，在学习等方面不断进步。

第一，从心理上，脱离家长、老师监督下的被动学习状态。

进入大学以前，家长、老师之所以谆谆教导、时时督促，很大一部分原因是我们尚且年幼，而未成年人无论是心智还是自控力都不够完善，所以需要身边的人推一把。而成为大学生以后，这只曾经推着我们前进的手逐渐放松了，这正是我们开始锻炼自控力和逐渐成熟的时期。

自我主导的学习方法能让我们拥有更多的主动权，要建立"为自己而学"的理念。大学的学习模式和内容相对于中学来说，更注重实践性和创造性。

第二，学会自主学习，制订目标。

譬如，可以在大学的不同阶段为自己制订一个不同的短期目标，如专业考试的成绩目标、选修课的学分目标等，同时做好实现目标的计划，然后按部就班，一步一步实现，这也是自主学习的方法之一。让自己制订的目标和计划成为一种推动自主学习的力量，可以很好地让我们完成从父母、老师的督促学习状态过渡到自主学习状态。

第三，从一而专，但不可从一而终。

自主学习能让我们抓住学习的主动权，更明白自己学习的需要，但这并不代表我们要在自我控制下压抑自己，而是要我们主动地去学习更多的知识。专业的课程当然不能松懈，同时我们还可以选修一些感兴趣并且对自己有益的课程。这不再像小时候家长逼我们去"兴趣班"上课，而是去学习我们真正感兴趣的知识。

非专业的选修课能丰富我们的学习内容，让学习构成更加全面，增加了学习的趣味性。

所以，自主学习不是自我压抑，而是更主动地获得知识的过程，在具备一专之长的同时，可以发展更多的学习兴趣。

以上几方面的建议，能帮助我们完成从中学生到大学生的心理过渡，使我们具有足够的自控力。这样在大学学习过程中，就能在自己心中形成一只无形的手，即使脱离了家长和老师的督促，我们也能很好地面对学习问题，给自己适时施压，管好自己的心，更多地获取知识并且将其运用于未来的工作中。

哈佛大学图书馆墙上有一句名言："谁也不能随随便便地成功，它来自严格的自我管理和毅力。"哈佛大学教授也经常给刚入校的新生讲一些关于自我控制和自我管理方面的小故事，以此来说明这种品质的重要性。

环境越宽松，就越需要强大的自控力，这样才能产生更大的自我驱动力。大学可以说是整个学生生涯中，环境最宽松，学习压力最小的一个阶段。一些大学生并没有真正发现这个黄金阶段的价值所在，而是以此为突破口，开始所谓的"美好的大学生活"，彻底放松了自己，浑浑噩噩地度过了大学四年。

如果以这种态度进入大学，那么毕业之后我们会发现，大学的回忆对我们来说是灰暗的，甚至一片空白。这种"大学空白感"是现在一些毕业生的一个共同感受。在四年的大学学业结束之后，回首过去，竟不知自己究竟学了些什么，对即将走进的社会和即将到来的工作充满了恐慌。

在不断成长中，我们会渐渐发现，家长和老师的督促只不过是成长中的一个推动力，而我们成长为一个独立自主的个体，需要的更多是自我督促能力，这才是我们不断向前的能源和动力。而大学正是我们培养这种品质的最好时机，经过大学这三四年的锤炼，我们将更加自信地面对社会，面对以后即将进入的工作岗位。

零遗憾忠告：

大学其实是个"断奶期"，那双曾经推动着我们前进的手不复存在，那种不放手的督促也从背后逐渐消失，但这并不意味着我们可以放纵自己的惰性，也不代表我们失去了支柱。相反，这正是考验我们自我督促能力的最好时机，只要我们摆正心态，自信自强地面对崭新的大学时代，那么我们将会成为自己最强大的支柱。

成长，就是开始学会直面人生

我刚上大学时，由于离家较远，第一次离开父母，心里总是忍不住发虚，不知道自己能不能很好地处理各种问题，比如宿舍室友之间的矛盾、与导师之间的交往，以及异性同学之间的关系等问题。这些问题在我入学之后接踵而至，我在措手不及之中，只能求助于父母。

记得有一次给母亲打电话抱怨宿舍室友的坏习惯以及导师的"不负责任"，试图把心中的苦水都倒出来，本以为母亲会同我站在一边宽慰我，谁料到我倒完苦水之后，却得到了母亲下面这样一番话：

"你刚进大学，有这样或那样的问题出现是很正常的，抱怨没有任何作用，即使把一切告诉我，我能做的也不过是跟你一起抱怨。生活不需要抱怨，需要的是改变，有问题你要去解决，而不是当作苦水一样存在心里，这样没有任何作用。"

母亲的一番话让我十分讶异，当时的我并没有体会其中的深意，只是觉得母亲并不理解我，很委屈地挂断了电话。直到后来，我才渐渐地明白母亲的良苦用心。确实，抱怨并不能改变任何事情，我们要真正成长，就要学会自己面对问题，并且想办法解决它。

015

我开始努力解决问题，跟室友们处好关系，跟导师成了学习和生活上的朋友，较好地处理与异性同学之间的关系。之后，我给母亲打电话谢谢她的金玉良言，她只是欣慰地笑了笑，说我长大了。

是的，成长需要我们自己直面问题，即使是人生这种奥妙无穷的哲理问题，我们也要去面对，抱怨没有任何作用，而依赖他人解决问题也会最终成为失败者。

也许有人会认为，我们还小，遇到事情还是需要跟父母商量。当然，这个想法没有错，即使求学在外，自己也是父母心中的牵挂，遇到重要的事情也应该听取长辈们的意见和忠告。但一些细微的琐事是我们生活中不可避免的，这个时候就要靠我们自己来解决了。

例如宿舍室友之间的矛盾等，完全可以自己学着处理。通过这些事情的锻炼，我们在解决重大问题的时候才会更从容。

曾经在街上看到了这样一幕：一个小男孩玩耍的时候不小心摔倒了，摔得不重，但是他趴在地上立刻大声哭了起来。小男孩的妈妈就站在不远的地方，她并没有如我想的那样去扶起孩子并哄他，而是静静地站在一旁看着，直到小男孩看到没有人理会他，最终停止了哭泣，自己爬了起来，拍了拍身上的土继续玩。

我很好奇，忍不住走近那位妈妈询问她刚才为什么那样做，得到的答案是：为了锻炼孩子自己面对问题的能力。当时我就想，这么小的孩子尚且需要锻炼直面问题的能力，作为新生代大学生的我们，还有什么理由以"自己还小"为托词呢？

不要因为我们还是学生，就过度"娇惯"自己，要想着我已经 18 岁，已经成年了。不要逃避问题，即使我们躲得快，问题还是在那里没有解决；也不要寄希望于父母，我们已经是大学生了，要学会摆脱这种心理依赖，否则将永远长不大。

直面人生的种种问题，既是一种勇气也是一种学习，解决问题的过程中消耗了精力，也获得了成就。无数的成功人士在大学时都因为面对种种的困境不甘言败，而最终获得了成功。我们不需要好高骛远地幻想，只需要脚踏实地地锤炼，尽我所能地解决一些琐事，就能让大学生活更加阳光明媚，而进一步努力直面人生的各种重大问题则能让未来更加明亮灿烂。

有人可能会提出疑问，要怎么样处理好大学的各种问题，直面人生呢？

首先，摆正心态。很多人之所以在大学里面处理不好各种问题，很大一部分原因就是没有摆正心态，依然觉得自己还是个孩子，遇到问题采取回避或求助的方法，自己很少真正解决过问题。

以前看到过这样一件事：一个女孩子刚念大一，每个月生活费的一大部分都用于打电话，并不是她谈恋爱煲电话粥，而是这个女孩子从小娇生惯养，没有独立生活过，遇到任何问题都要求助于父母，经常给父母打电话诉说自己的委屈和不满，根本不能很好地享受大学生活，以至于最后她的母亲不得不租个房子在学校外面陪读。

这个女孩子就是太过依赖父母，没有摆正自己的心态，遇到问题不去解决而是一味地抱怨。从我们进入大学的那一刻开始，我们就要告诉自己，新的生活来了，这是属于我们自己的生活。在这种环境中，遇到问题当然要自己解决，我们已经不再是小孩子了。有了这种成熟的心态，遇到问题我们就能有勇气迎面而上，而不是退缩。

其次，真诚待人，处理好人际关系。大学可以说是半个社会，人际关系很重要，在大学学会处理人际关系对以后的就业十分有帮助。要以真诚待人，交朋友就像照镜子，你对他是什么样，他给你的就是什么样。大学期间交几个挚友能让我们的大学生活更加丰富多彩。

处理好人际关系能帮我们免去很多不必要的麻烦，也是解决问题的一种途径。

最后，学习有用的知识。这是最基础的一个方面，即使到了氛围宽松的大学，我们的身份依旧是学生，首要任务当然还是学习。因此打好基础，学好专业知识，不仅能为我们获得高学分，而且也能为以后的工作铺路。

零遗憾忠告：

大学生活对于我们来说是崭新的，我们满怀憧憬，但是一个新阶段到来的同时也带来了很多需要解决的问题，而我们就在解决一个个问题的过程中渐渐成长，最终敢于面对人生。所以才会有人说，大学是人生的一个跳板。在大学期间磨炼这种处理问题的能力，锻炼直面问题的勇气，到了以后的工作中就能拥有独特的气场，敢于接受任何挑战。

意气用事有害而无利：学会管住自己

大学生正值风华，正处于高傲自信的年纪，面对事情和处理问题的时候难免显得有些锋芒毕露，容易意气用事，而这种所谓的"意气"往往会让很多努力和梦想付诸东流。

从个人角度来看，一些受过高等教育的大学生不能控制自己的行为，做出一些造成极大恶劣影响的事，其实是源于他们本身的自我控制能力不强，不能很好地调节自己的情绪，当情绪涌出的时候任性而为，最终由于意气用事造成悔恨终身的弥天大错。

当然，这种因为意气用事而做出的极端行为并不算多数。犯罪事件中的主人公大多存在心理不健全的问题，而大部分人不会选择这样的手段和方式解决矛盾与不满。

我们要吸取教训，面对问题应采取"大事化小，小事化无"的方法解决，不要纠结那些无关紧要的事情，但这并不是要我们回避问题，而是要学会解决问题，不能一味地顾及自己的情绪，要直面问题的根源，学会顶住压力，处理好矛盾。

那么我们在这个锋芒毕露的年纪如何管住自己呢？

首先，要以成熟的心理看待事情，不能意气用事。

我们已经是大学生了，大多数人都已成年，自己做出的事情无论好坏对错，都应承担相应的责任。因此，在面对事情的时候不能逞一时之快，意气用事只会让事情变得更糟糕。

前段时间，一件发生在我家附近的事情成了人们茶余饭后的谈资。一个刚考上大学的男孩子小杨结交了同校的一个师兄，二人外出吃饭时与服务员发生口角，他的师兄咽不下这口气，想叫上小杨第二天一起教训那个服务员一顿，好出气。小杨是我们这里出了名的品学兼优的好孩子，本不想把事情闹大，但是抵不住好哥们的再三请求，第二天和师兄带着水果刀找到那名服务员，在纠缠之中失手捅死了服务员。事后，小杨选择了自首，但悔恨不已的他再也没有机会享受本该美好的大学时光了。

我们中的一些人把"哥们义气"理解成了友谊，这是错误的，小杨就是走进了这个误区。交朋友不能意气用事，讲究所谓的"哥们义气"并不能体现我们是多真诚的朋友，只会激发我们年轻人的锋芒，甚至跟所谓的"朋友"一起做出触碰底线的事情。

大学，我们需要的是挚友，是能在生活学习中互相帮助、关心的真正朋友。这样的朋友才能帮助我们成长，最终成为我们成功道路上的瑰宝。在人际交往中，我们要以成熟的心态对待人与人之间的关系，凡事顾及后果，三思而后行才不至于做出抱憾终身的事。

其次，与人交往要学会换位思考。

当事情发生之后，不要只想着"我"心里怎么不舒服，或者事情对"我"有什么影响，这样会把个人的感受放大而忽略了事情的另一面，不仅事情得不到解决，甚至事态还会更加严重。

大学也可以说是一个社交圈，我们会认识结交许多不同的人。在矛盾发生的时候要学会换位思考，不要只顾自己的感受，可以采取一些温和的手段处理。

譬如，我们与室友或者其他的同学产生矛盾的时候，不要一味地想着怎么报复出气，应该先冷静下来，换位思考一下，让情绪平复，让理智占领主要位置，可以找对方谈一谈或者用其他的方法让对方了解你的真正意图。这种迂回的方法往往在解决矛盾方面比直接的对抗有效很多。

最后，认真对待选修课程，不要一时兴起。

面对丰富多样的选修课程，我们中的一些人往往会因为一时的兴趣而选择一门对自己没有真正用途的课程，这也是由于不够理智。选修课程不能意气用事，可能今天它只是一门选修课，在你将来的人生中却成为"主修课"。

大学生活精彩纷呈，然而事情总有两面性。这个阶段的问题很多，其中很多问题都是我们以前不曾遇到过的。遇事要冷静，不要意气用事，让理智永远占领主导地位，这样做出的选择和决定才不会让未来的我们后悔。

> **零遗憾忠告：**
>
> 　　作为迈入大学校门的学子，我们是怀揣梦想而来，不能因为一些小事无休止地宣泄情绪和产生报复心理，要懂得控制自己的情绪，绝不意气用事，否则最终的结果只能是害了自己。智商很重要，情商更重要，无数的事例启示我们要学会管理自己的情绪，冷静的思考和理智的分析往往比高智商更加重要。

凡事只为自己着想，做人肯定只输不赢

　　"80后""90后"已经成为描述一个时代的人的特定名词。同一个时代的人在心理、性格等方面或多或少都有着相同的时代烙印。

　　"80后"是中国第一代独生子女，"90后"的大部分人更是家中的宝贝，从小在爷爷奶奶、外公外婆和父母的百般呵护中长大，这种众星捧月的成长环境很大程度上造就了一些孩子以自我为中心的性格，凡事只为自己考虑，永远把自己的感受和需求放在第一位。

现在很多大学生都是"90后"。在家时，由于家人的纵容，一些人的坏习惯在很多时候都被包容，甚至一些无理的要求也能得到无条件的满足。然而，进入了大学之后，每个人都是独立平等的个体，不会再有人无条件地迁就我们。如果继续以自我为中心，不仅别人不会真正接纳我们，而且我们在处理事情时也会很片面，无论是人际交往还是专业学习都不可能获得理想的效果。

以前看到过这样一个案例：

一个外企招聘白领职员，吸引了不少人前去应聘。应聘者中有本科生，也有研究生，他们头脑聪明、博学多才，是同龄人中的佼佼者。

聪明的董事长知道，这些学生有渊博的知识做后盾，书本上的知识是难不倒他们的。于是，公司人事部就策划了一个别开生面的招聘会。

招聘开始了，董事长让前六名应聘者一起进来，然后发了15元钱，让他们去街上吃饭。并且要求，必须保证每个人都要吃到一份饭，不能有一个人挨饿。六个人从公司里出来，来到大街拐角处的一家餐厅。

他们上前询问就餐情况，服务员告诉他们，虽然这儿米饭、面条的价格不高，但是每份最低也得3元钱。他们一合计，照这样的价格，六个人一共需要18元钱，可是现在手里只有15元钱，无法保证每人一份。于是，他们垂头丧气地出了餐厅。

023

　　回到公司，董事长问明情况后摇了摇头，说："真的对不起，你们虽然都很有学问，但是都不适合在这个公司工作。"其中一人不服气地问道："15元钱怎么能保证六个人全都吃上饭？"

　　董事长笑了笑说："我去过那家餐厅，如果五个或五个以上的人去吃饭，餐厅就会免费加送一份。而你们是六个人，如果一起去吃的话，可以得到一份免费的午餐，可是你们每个人只想到自己，从没有想到凝聚起来，成为一个团队。这只能说明一个问题，你们都是以自我为中心、没有一点团队合作精神的人。而缺少团队合作精神的公司，又有什么发展前途呢？"

　　听闻此话，六名大学生顿时哑口无言。

　　这些风华正茂、知识渊博的优秀应聘者自命不凡，应聘的时候胸有成竹，一般的问题都难不倒他们，但就是这样优秀的人，也因为缺少团队合作精神而被淘汰。

　　奥斯特洛夫斯基曾经说过，谁若认为自己是圣人，是埋没了的天才，谁若与集体脱离，谁的命运就要悲哀。

　　可见，一个人再优秀，力量也有限，只有团队的力量才是最强大的。如果凡事只为自己着想，忽略了其他人的力量，那么这种人只会一无所成。

　　凡事只为自己考虑的人，不仅不能很好地融入团队，而且还会引起很多本可以避免的矛盾。

　　大学里，我们时刻处在与人的交往中，有交往难免会产生一些摩擦。我们都年轻气盛，如果凡事只为自己着想，很容易放大个人感受，做出一些冲动的事情，造成不良的后果。如果矛盾发生时我们能够做到换位思考，那么看待问题的角度就会不同，也就能体会他人的感受，避免很多矛盾恶化。

学会换位思考，无论是在大学还是以后走入社会都是十分重要的。而且遇事换位思考也是脱离以自我为中心轨道的一个方法，放开心胸容纳他人的意见看法，体会他人的感受，养成这个好习惯会让我们获得很强的人际交往能力。

另外，除了大学中结识的朋友和前辈，还有不容我们忽视的人，那就是无条件包容我们的父母。

无论是什么时候，都要把"孝"字记心中，"百善孝为先"。当我们学会凡事多为他人考虑，不再以自己的感受为准则之后，是否也应该试着体会父母的苦心，回报他们那始终给予我们的包容和关心呢？相信，当我们不再以"小皇帝""小公主"的心态出现在他们面前时，他们一定会感到无比欣慰。

总之，摆脱以自我为中心，既能帮助我们融入团队让自身获得更大进步，又能提高我们的人际交往能力，结交不同的人，交换不同的思想和理念。更重要的是，凡事不在只为自己考虑会让我们的心胸更加开阔，让我们懂得在换位思考中对身边的人怀着一颗感恩的心。

零遗憾忠告：

　　大学是一个大的人际交往圈，只有能接受他人正确意见、会设身处地为他人着想的人，才能在这个圈子中如鱼得水。无论我们认为自己有多大的能力，也比不上团队的集体智慧，不要把个人的感受和能力放得太大，在为自己打算的同时也要顾及所处集体的利益，以及他人的利益。另外，学会换位思考是一个十分重要的方面，它能让我们在处理矛盾的时候用另一种思路思考，避免了很多不必要的误会，不仅让我们在人际交往中受益，更能让我们的人生少一些碰壁。

长大了，离家了，但别将父母落得太远

　　孔老夫子曾经说过："父母在，不远游。"在中国传统的孝文化当中，侍奉父母被摆在了首位。能够陪在父母身边固然是很好的，谁不想合家团圆呢？但在现实社会当中，我们经常会由于各种各样的原因背井离乡。

　　现在一些优秀的高等教育资源大多集中在一些比较大的省会城市，而我们中的大多数人又不是出生在这些地方的，所以一旦

到了读大学的年纪，我们中的大多数都将会离开父母远赴外地求学。而现在"80后""90后"又多是独生子女，所以，一旦这些独生子女外出求学，社会上就会出现另外一个群体——"空巢"中年。

没错，我们身边不只是有"空巢"老人，也有很多的"空巢"中年。

俗话说，子女是父母的心头肉。试想一下，我们外出求学四年，在学校里，我们可以过上丰富多彩的大学生活，身边也不乏同学、朋友。但是对于父母来说，他们除了想念还能做点什么呢？

我记得自己刚上大学那会，经常是个把月都不打个电话回去。那时候还不像现在，每个人手上都有一部手机。有时候我也想打个电话回去，但上了一节课之后就会将这个想法忘得精光，等下次想起来的时候，可能就又过去了个把月。

直到有一天，我坐在自习室里看书，突然班上一个同学走进来，塞给了我一封信。当时我还愣了一下，心想，这好端端的谁会给我写信呢？

直到我看到信封才明白，原来这信是母亲写给我的。母亲没有接受过很高的教育，信封上的字迹看起来歪歪斜斜的。我当时以为家里出了什么大事，不然他们怎么会写信给我呢？

可直到我拆开信封，读到信中的内容我才明白，原来这只是一封普通的家书而已。母亲看我两个多月没有打电话回去，心里很是想念，这些她都在信中一一说明了。

"孩子，你去外地这么久了都没给家里打个电话，我们想知道你在那边过得怎么样。立秋已经过了，记得多穿些衣服，身上的钱还够不够用，不够我让你爸爸给你汇过去。还有，你爸爸也很想你，但他一个大男人不好意思说，我在这里偷偷告诉你，你爸爸他老惦记着去你那里一趟，是我担心他会影响你学习，一直拦着没放人……"

读罢母亲的信，我眼睛泛酸，很长时间都没有说出话来……

当天晚上，我在学校的公用电话亭给家里打去了电话。电话那头父母虽然嘴里都没有埋怨，但我却能清楚地感觉到他们的思念，两个人在电话那头都抢着和我说话，我在电话这头既感动又难受。

经过这件事，我一下子就像变了个人似的，每隔个把星期都会给家人打电话，聊一聊自己的大学生活，聊一聊学习方面的感悟。这个习惯对我来说也并非什么负担。每次同父母通电话都能让我心存感动，特别是父母的笑声，给了我极大的安慰。

但是，我也注意到，当时我身边的同学并非都像我这样。很多人都只是在碰到麻烦的时候才会给家人打电话，要么是身上没钱了，要么是遭遇什么挫折了，只有这时，他们才会想起父母。

这些问题也引起了我的反思，大学生与父母之间为什么会出现这种情况呢?

其实归根结底,还是一个"懂事"的问题。从小到大,在亲子关系中,我们都是索取的一方,无论是物质上还是精神上,我们都只管"要"不管"给",所以很多人到了大学之后仍然没能重新定位自己。除了索取,他们跟父母的感情交流少之又少,这也对亲子感情产生了许多不良的影响。

父母作为我们的"遮阳伞""遮雨棚",他们的感情流露并不像我们年轻人那样直白。很多时候,他们会将心里的各种想法深埋,生怕影响到我们。如果我们不能自觉体察到他们心中的想法,日子长了,给他们心中造成的创伤可想而知。

也许会有很多人说,我现在还是学生,等我以后工作了一定好好报答他们。

其实这种想法忽略了"感情"这个因素。做了家长的人都有所感悟,家长对子女好不是为了图以后他们的报答,家长需要的只是一种精神安慰而已。而这种精神安慰其实非常简单。我们可以扪心自问一下,当我们在学校里开心地过着"愚人节""圣诞节"的时候,有没有想过要在父亲节、母亲节给他们发条短信,打个电话呢?父母的生日我们又是否记得呢?

现在几乎每个大学生手里都有手机、电脑,这些现代的通信工具在给我们带来方便的同时,也给我们提供了一个与父母交流的方式。不要再说没有时间,谁都知道大学的轻松,也不要说什么难于启齿，趁现在多跟父母交流联系，将心与他们时刻贴近，别等到"树欲静而风不止，子欲养而亲不待"的那一天，到时候悔恨的可就是自己了！

零遗憾忠告：

父母对子女的爱既无私又伟大，父母在不停地老去，而我们在不停地成长。读大学对我们来说，可能只是背起行李去远方结识新的朋友；但对父母来说，他们的世界因为我们的离开却多了段空白。虽然不能时时刻刻陪在他们身边，但在我们力所能及的范围内，给父母一点安慰和关心，不正是"尽孝"的最好方式吗？

第二章

学校和专业不是成才的决定性因素

　　不要因为自己的学校和专业而自卑，那是别人的眼光，你能够学到什么，得到什么只有你自己能够决定，重点和非重点的区别只是学校之间的比较，热门与冷门的区别也只是一种判断而已，你与他人的区别掌握在我们自己手中。进了大学，就该把"一考定终身"的包袱卸掉。从现在开始，你的世界不在学校和老师手中，只要你足够努力，下一个独木桥上你就是最先冲过去的人。

大学不分好坏，英雄不问出处

不久前，一个大学刚毕业的年轻人跟我抱怨，说现在的就业竞争太激烈了，找工作不仅要看学历文凭，还要看毕业的学校，这让他这种名不见经传的大学的应届毕业生四处碰壁，刚出校园时激情洋溢的心也被磨去了棱角。话语间无不透露出对母校名气不高的不满。

他的抱怨让我想到，这种想法可能是现在一些大学毕业生的心理。在很多人心中，一个名牌大学的毕业证就如同开启辉煌人生的金钥匙，也是高考时我们日夜奋战的目标。

当然，名牌大学之所以能备受追捧自然有其优势所在，然而大学的好坏和名气高低并不能代表一切，因为决定大学时代价值的不是学校，而是我们本身。如果没有把握好学习资源和校园时光，那么考上再好的大学也无济于事。

如今，不少大学生毕业之后会遭遇就业寒流，这种压力不仅影响着普通大学毕业的学生，也同样影响着名牌大学毕业生。即使我们的大学文凭是镀金的，社会也不会一直无条件认可，真正能保证我们价值和前途的不是哪所大学的毕业证书，而是自己的真实能力。

所以不要抱怨我们已经考上的大学不如意，英雄不问出处，大学也不分好坏。

李嘉诚学历不高，但靠自己努力成了名企业家。而我们正受着大学教育，即使是人们口中"不入流"的大学，我们也能学到不少知识，提高自身能力。所以，很多时候抱怨母校其实是因为自己不够强大。所在大学的好坏并不重要，重要的是要弄明白自己今后的路要怎么走，明确目标才是成功的基础。

刘永好，没有所谓的名校做后盾，但凭借自己的努力实现了人生价值。他曾是四川省机械工业管理干部学校讲师，后来辞去了在政府部门、教育机构和国有企业的公职，开始到农村创业。

他从种植、养殖起步，历经磨难，但始终坚持不懈，成功创办了新希望集团。

刘永好在接受记者采访时曾被问及这样一个问题。记者问道："假如现在你的财富突然间一夜蒸发，你认为你还能东山再起吗？"

刘永好的答案是："其实，这 20 多年的磨炼对于我来说，拥有了多少财富并不重要，重要的是，我拥有了创造这些财富的能力！假如我这个企业什么都没有了，我的所有财富都消失了，但是我的自信还在，我的见识还在，我的这种经历和能力还在，我可以从头再来。对于我来说，自信和勤奋是无价的。"

由此可见，最能创造价值的是我们本身具备的自信和勤奋的品质，而非很多人盲目追求的名校效应。再好的大学也只能是我们四年的保护伞，四年之后，当我们暴露在社会的阳光下，是否还能顶住烈日的炙烤，那全靠个人头脑中的智慧和手中的能力了。

如果只是安于现状，不珍惜宝贵的大学时光来努力学习和提高自己，那么名校毕业的我们也只是背着光环的空壳，创造不了应有的价值。到那时，镀金的名校毕业证也只是废纸一张。

反之，即使我们现在读的大学不如人意，也无须抱怨，大学确实是人生的重要阶段，但学校本身的好坏并不能决定一切，我们自己在大学期间的修养才是关键所在。只要我们把握住这段珍贵的时光，专注学习和实践创新，就能为以后的灿烂人生奠定基础。

具体来说，我们可以在学好专业知识的同时多发展有益的兴趣爱好，这样就能丰富多方面的知识。

另外，要注重实践能力和创新能力。因为理论知识只在学校适用，出了校园靠的就是实践能力和创造能力了，所以一定要注意理论结合实践。

大学也是一个性格重塑的阶段，要通过与身边不同人的交往来重新认识自己，扬长补短，让我们的各方面更加适应即将步入的社会。

零遗憾忠告:

没有最好的大学，只有最好的自己。不要想我们的大学够不够好，而要想我们自己够不够努力，无论是几流的大学都能走出一流的人才。所以，积极面对我们的大学生活吧，毕业后的人生要靠自己创造，而不是大学的名气，努力奋进才是我们现在要做的事情，也是未来成功的基石。

专业如伴侣，最适合的才是最好的

每一年的高考都让人倍加关注，除了高考时的紧张气氛，高考之后的志愿填报也是一项重大的事情。在高考填报志愿的时候，我们都会纠结一件事情，那就是选择什么样的专业。究竟是为了以后好找工作选择当下热门的专业，还是遵循自己的心愿选择最有兴趣的专业呢？这个摇摆的过程相信很多人都经历过。

最终确定下来的专业可能是我们想要的，也可能是家里长辈认可的，甚至是因为无法确定而随意选择的。无论怎样，我们应该意识到，选择的专业将会决定我们整个大学的基本学习内容，也会对未来的人生产生非常大的影响。所以，选择专业要慎重，这是对自己负责。

大学生陈丽刚入学时学的是金融贸易，这个专业在她的家人看来很有前途，然而对她自己来说却很陌生。高中时的她成绩并不突出，对未来的大学生活也感到十分茫然。这个并没有想好自己要学什么的女孩，在高考填报志愿的时候，完全听从了家人的意见，选择了自己根本不感兴趣的金融贸易。

通过一段时间的专业学习，陈丽深深地感觉到这个专业并不适合自己，如果继续将就下去只会荒废大学的四年时光，于是经过一番考虑，她决定转专业。大学里转专业是一件很麻烦的事情，不仅是因为烦琐的流程，更重要的是一旦更换专业，之前所学都可能前功尽弃，而且要重新学习新专业知识，整个适应过程会比较难调整。

正因为如此，陈丽在换专业之后的很长一段时间内都很迷惘，找不到专业学习的乐趣，更谈不上对未来的规划了。直到临近毕业，她才猛然发觉，大学四年学到的东西那么不够用，甚至很多地方都一片空白。

这个事例很好地向我们阐述了大学选择适合自己专业的重要

性，我们要以一种慎重的态度对待专业选择。

那么，选择什么样的专业最好呢？其实，专业没有最好的，只有最适合的。

首先，我们可以根据高中时期成绩最突出的科目来选择大学专业。例如，高中时有的人理科成绩好，就可以选择诸如土木工程、电气、医学等方面的专业；有的人英语成绩好，就可以进修英语专业。这样的选择会使我们在一定程度上将高中的优势一直延续下去。

当然，我们也不能因为中学时成绩好就对大学的专业学习有所懈怠，因为大学是个全新的阶段，学习方法和模式也与中学大相径庭，我们要调整好心态，以崭新的面貌迎接大学的专业学习，并且要更加注重实践和运用，这样才能将所学的书本知识运用到以后的实际工作中。

其次，在选择专业的时候，我们可以考虑一下自己的兴趣所在。如果选择了自己不感兴趣的甚至是厌恶的专业，就会缺乏动力，严重者甚至出现多门科目不及格被校方退学的情况。

俗话说"兴趣是最好的老师"，选择一门感兴趣的专业，能让我们的大学学习更加有激情和动力。譬如，一些人很难对数学、物理等课程产生好感，却对语文有着浓厚的兴趣，那么就可以选择类似于汉语言文学这方面的专业，进一步钻研语文，让兴趣成为一种专业。

高中学习是有些压抑的，那些功课很多时候都显得枯燥乏味，面对这样的课程我们很难打起精神专心学习。高中科目是强行规定的，我们没有选择的权利，只能去学。但是，大学不同，从高中到大学，这是一个转折点，也是我们重新选择学习内容的机会，如果能抓住这次机会，选择我们真正感兴趣的专业，以兴趣的先导，带动学习积极性，那么大学对我们来说将是一个全新的开始，这个阶段的学习内容也会充满活力。

另外，除了以上两个方面，选择的专业还要符合我们的价值观和追求。例如有的人想在金融界做出一番事业，那么就要选择经济贸易等与之相关的专业；而有的人追求科学上的发展，希望能从事科研，那么就可以选择学术性很强的专业，如生物科学等。

总之，选择专业要从多方面考虑，这样才能让我们在大学学到真正实用的知识，为我们实现人生规划，创造价值奠定基础。

零遗憾忠告:

不要盲目地问哪个专业好或者差，专业本身不分好坏，只有真正适合我们的才是最好的。可以根据自身的情况来考虑大学的专业和方向，并且要多方面考虑，用慎重的心态面对，这是一种对人生负责的态度。总之，无论选择的专业是什么，我们都要用心去学，吸取其中的精髓，这才是大学专业学习的价值所在。

学会挖掘学校里的好资源

不久前，我与身边的几位大学生聊天，谈到大学的价值所在，其中就提到了关于大学资源的挖掘。当问到怎么样才能利用好大学资源的时候，几位大学生想法各有不同。

小肖是学生会干事，他觉得大学最重要的资源是人脉，处理好与同学、老师的人际关系，就能交到不同的朋友，在开展学生会工作的时候也能方便很多。

琪琪认为，大学最宝贵的资源是时间。因为高中时要为了高考而冲刺，很少有自己的时间去做感兴趣的事情，而大学的时间相对宽松，可以利用这些时间发展兴趣爱好，如学习舞蹈、练习书法等。

另外一位是刚进入大学的新生——爱学习的艳子，在她看来，大学最让人感兴趣的莫过于超大型的图书馆了，那里能满足她无限的求知欲，对她来说无疑是大学里最好的资源。

相信对于大学最好的资源是什么，我们心中都有自己不同的看法，而最重要的是如何利用这些资源。

大学不仅是一段美好回忆的开始，更是一个学习阶段的开始，而这个阶段的学习不同于中学时代，它更具有自主性和开放性，在这样一个半开放的环境中，我们要学会将可用的好资源收入囊中，使之成为自己的财富，来日加以利用，将会使我们受惠。

也许有人会问，大学的好资源究竟有哪些呢？接下来我们来一一讨论。

毫无疑问，大学里最重要的资源就是学习资源，这里所指的学习资源不仅包括专业的课程学习，还有图书馆的书籍资料、老师的智慧和前辈的知识等。如何挖掘这些好的学习资源来丰富自己的内涵呢？

首先，我们要学好专业课程，这是最基础的部分，除此之外可以将大学图书馆里大量的书籍和资料作为开阔眼界、增长知识的资源。历史上很多名人都善于挖掘图书馆里的资源来提升自己，一代伟人毛泽东就是其中的一个典型例子。

毛泽东经杨昌济介绍，到李大钊任主任的北京大学图书馆当助理员，其职责是登记来图书馆读报刊者的姓名，工资每月仅有几块钱。但当这个助理员，不仅解决了毛泽东的生活费问题，而且通过每天管理和阅读报刊，毛泽东从中获得了许多知识，同时也结识了一些名流学者，对他的人生产生了重大的影响。

对于毛泽东来说，工资的多少并不是他最在意的，有机会学习品读图书馆海量的书籍才是最值得高兴的。现代大学的图书馆中资源越来越丰富，很多图书馆不仅有纸质的书本资料，还有着更加丰富的网络电子资料，这对于我们来说是一个巨大的宝库，值得用心思、花时间去学习和研究。

除了学习资源，学校另外一个重要资源就是人脉。大学里，我们会认识很多新面孔，而这些新结识的朋友都有可能成为我们人际交往圈中不可或缺的一员。大学的老师不同于中学老师，他们不会死死地盯着我们的月考成绩，也不会每天督促我们为高考冲刺，但这并不意味着他们的存在不重要。

相反，大学的老师通常更注重人格的培养，会让我们更加适合即将面对的社会和从事的工作，我们从老师身上学到的不仅仅是专业知识，还有面对未来的一些大智慧。正所谓良师益友，只要善于发掘老师的价值，就能收获学习以外的宝贵知识。纵观古今中外，有所作为的人大多有好老师的教导。遇到好老师不仅仅是靠运气，有时候还需要去争取。

伽利略在比萨大学读书期间，对很多事都非常好奇，经常提出很多问题，比如"行星为什么不沿着直线前进"一类的问题。有的老师嫌他问题太多，可他从不在乎，该问的还是问。有一次，伽利略得知数学家利奇来比萨游历，就准备了许多问题去请教利奇。这一次利奇充分满足了他强烈的求知欲，老师诲人不倦，学生就没完没了地问。伽利略很快就学会了关于平面几何、立体几何等方面的知识，并且深入地掌握了阿基米德关于杠杆、浮体比重等理论。

老师拥有的专业知识是胜于我们的，但如果我们不去提问、不去挖掘，那么学到的仅仅是课堂上的知识，那是非常有限的。不懂就要问，而且要刨根问底，这样才不至于"知其然而不知其所以然"，更何况大学是自主的学习模式，我们要积极的提问才能找到心中问题的答案。

当然，除了老师，身边的同学、朋友都是很好的学习对象，即使大家的学习能力和专业知识水平相当，也能从他人的身上学习到我们自己缺乏的品质和一些其他方面的知识。有句话说得好："思想不是苹果，不要吝于交换思想。我有一个苹果，你有一个苹果，交换之后还是一人一个苹果；你有一种思想，我有一种思想，交换之后我们都拥有了两种不同的思想。"因此我们要积极跟同学和朋友交换思想和想法，这样才能在人际交往中发现自己的不足，及时提高自己。

大学的学习资源和人脉资源非常重要，另外，充裕的时间也是大学一个很好利用的资源。充裕的时间要被合理地利用才能体现它的价值。我们可以发展有益的兴趣爱好，丰富大学生活；也可以花费一部分时间在选修课上，拓宽知识面；还可以试着做一份兼职。合理地规划大学时间是我们需要学会的一门重要课程。

零遗憾忠告：

　　大学是一个丰富的资源宝库，我们看到的只是它的冰山一角，真正的资源等待着我们去挖掘和开拓。无论是图书馆的海量资料、师长的智慧，还是同学的思想，都是金子一样的存在，我们要善于利用这些资源来丰富自己的知识，拓宽眼界，这样大学才会给我们带来更多意想不到的惊喜。

用"冷眼"看热门专业

　　有些网站评出了十大热门专业，其中包括：动漫设计与制作专业、计算机专业、新闻传播学专业、土木工程专业、生物学专业等。近年来，这些专业的大学毕业生都有着较好的就业率，而随着时代的发展会产生更多需要这些专业人才的岗位，因此，许多考生趋之若鹜，满腔热情地填报了所谓的热门专业，希望为自己谋得一个好前程。

　　当然，选择一个好专业是必要的，但赶潮流似的盲从热门专业并不是明智之举，我们要学会用"冷眼"看待热门专业。

　　前几年，我一位至交的女儿参加了高考，考试成绩出来之后，家里人都在为填报什么专业而发愁。小姑娘有自己的想法，她喜欢写作，希望遵循兴趣研读现代汉语专业，然而家里人并不看好，尤其是我的这位朋友认为，写作可以作为业余爱好，报考这个专业并没有前途，以后就业很难。

而那时候，护理专业很吃香，各大医疗机构的建立和服务理念的提升，让护士成了紧缺的技术人员，护理专业也就成了当时的热门专业。由于认准了护士好就业，我的朋友便让女儿报考了护理专业。

确实，当时护理人员的需求缺口很大，需求决定供给，持续攀高的护士就业率让很多还徘徊着的学子填报了这个专业。然而，随着护理专业的毕业生不断增多，原本缺口很大的就业市场日趋饱和，这样就导致新一批毕业的应届生不能如愿地获得好工作，曾经的热门专业突然就变成冷门了。

这个结果是之前没有料到的，看着毕业之后为工作发愁的女儿，我的朋友也懊恼不已，事已至此，只能后悔当初不应该盲从潮流了。

从这个事例中我们不难看出，报考了当下的热门专业并不代表以后就业能高枕无忧，形势在变，就业率的高低只能作为参考，不能作为填报专业的所有依据。决定所读专业时，一定要多方考虑，既要联系当下的就业形势，也要看以后的市场发展，更重要的是必须结合自身的条件，这样才能在一定程度上避免"毕业就失业"的情况出现。

正所谓"三十年河东，三十年河西"，如今时代进步的脚步愈发加快，市场的发展也日新月异，专业从"热"到"冷"也不过是一瞬间的事。应届生陈树安毕业于某大学机械学院，一毕业就与北京的一家企业签订了合同，此时的他非常庆幸，自己所读的专业居然能够从原来的冷门专业变成了热门专业。他表示，当年之所以报机械类专业，就是因为分数不高，不曾想四年后这个冷门专业的就业形势如此乐观。班里的大部分同学都签约了，而且都签得不错，目前仍有不少单位到学校招机械专业的学生。

当冷门变热门的时候，众多学子也是几家欢喜几家忧，曾经冲着热门专业去的毕业生不免失落，而以往冷门专业的毕业生则暗自庆幸。

虽然未来的很多发展不可预知，但是如果我们能在选择专业的时候用清醒的头脑看待问题，相信所做的决定将更加明智。

很多所谓的热门专业其实已经趋向饱和的状态，如果我们这个时候再投身于这些专业，最终可能落得个"毕业就失业"的下场。相反，一些专业在当下可能是少有人问津的，但几年之后，市场的变革或许会让这些曾经冷门的专业变得炙手可热，而我们毕业之后也就可能成为被争相聘请的宠儿。

因此，我们在选择专业的时候要充分分析当下的就业形势，以及日后的发展趋势，可以通过网络媒体等信息媒介去了解相关专业的信息，包括近年来的就业率和行业走向，从而对想要报考的热门专业有新的认识，便于我们更加理性地选择大学专业。

另外，有的专业虽然热门，但并不适合所有人，选择专业要根据自身条件。盲从是一些人填报专业时的状态，虽然有的人不想承认，但事实就是如此。所谓的热门专业或许会更加适合市场的就业需求，却并不适合我们本身。

不少高等院校的招生老师认为，很多时候冷门专业往往是就业热门，例如染整技术等专业，这些较冷僻专业的人才是很多企业急需的，但是在报读时，很少有学生会报读这些专业。总之，选择好专业非常重要，我们要学会用"冷眼"看待热门专业，不盲从，多分析各方面的要素，才能最终选择最合适的专业，为未来的好工作开启一扇大门。

零遗憾忠告：

冷门专业和热门专业只是相对而言的，没有绝对性。一味地扎堆热门专业并不能为将来找工作买好保险，相反，时代的发展很可能让专业的"温度"持续降低，让我们原本的美好愿景落空。因此，我们需要理性思考，拒绝盲从，不选最热的专业，而要选最适合我们的专业。

换专业不可一时"脑热"

在跟一位大学招生老师聊天时，谈到大学生换专业的问题。他表示很多学生对于所报读的专业并不喜爱，甚至完全不了解，进入大学之后很容易"移情别恋"，将目光转向比较热衷的专业，因此近年来大学生换专业的事层出不穷。

这究竟是个好现象，还是坏现象呢？对于这个问题，相信我们都有着不同的看法。我们都知道，大学专业的选择十分重要，这不仅决定了我们大学时期的主要学习内容，更会对以后的工作和人生产生深远的影响。那么，我们是否应该在大学改变自己的专业呢？

小杨是我认识的一个大学毕业生，他本科学的是动物医学，毕业之后他选择了考研，并且顺利通过。大学期间，他曾经一度想换专业，但思量再三，还是放弃了这个想法，既来之则安之，他决定安下心来研读这个专业。小杨说，这些看似并不抢眼的农业类专业其实拥有着广阔的前景，因为报读的人并不多，竞争不算很激烈，毕业后就业也很快，而且农业类考研也好考。

而小杨的大学同学小李却有着截然不同的遭遇。他并不看好农业类专业的前景，所以大一就换了专业，开始研读当时很火热的计算机专业，一心想着毕业之后为自己谋得一份好工作，然而事与愿违。当时很多人看好计算机专业的前景，读这个专业的毕业生也多，小李毕业之后承受了很大的就业竞争压力，只要稍微好点的岗位就有众多竞争者，导致小李毕业后很长时间都找不到合适的工作，而看着其他那些没有换专业的同学一个个成功签约，自己心里也是懊恼不已。

这个例子告诉我们，换专业的时候一定要审时度势，不能一味地跟着潮流走。当然，在必要的时候换专业也不失为另辟蹊径的方法。换专业与转行有着很多的共同之处，可能我们换专业之后会柳暗花明。换专业是把双刃剑，只有把握好才不至于伤到自己。

经常听到一些大学生说，自己学的专业有点冷门，希望能换专业。换专业真的是一种识时务的表现吗？其实不然，冷门和热门并不是绝对的，更不是一成不变的，很可能几年大学时光过去，原本无人问津的专业的毕业生反而成了供不应求的宠儿。要理性面对所谓的专业选择和变更，适合自己的、有发展前途的才是最好的。作为大学生，我们可以根据情况来改变自己的专业，但是要多方面考虑之后再进行，这样才能保证不会为今日的决定后悔。

现代社会，生活节奏加快，人们的思想意识形态也在不断发生着变化，职场上跳槽的人不计其数，转行的人也很多，但隔行如隔山，已经参加工作的人如此，正在上大学的也一样。不少人都是在上了大学一段时间之后才换专业的，这就意味着之前所学的很多知识都荒废了。

可以从以下几个方面来考虑自己是否真的有必要更换专业。

第一，为什么要换专业？

这是首先要明确的问题，只有明确了这个问题，才能保证我们能理性地对待换专业的问题，不再摇摆不定。换专业不能盲从于所谓的"热门"专业，要多方面考虑，更换的新专业不仅要有广阔的就业空间和发展潜力，而且还要适合我们，这样才能让我们对未来充满信心，也能对专业的学习内容产生兴趣，最终有力量开启未来的大门。

当然，一旦真的决定换专业，就要做好定下心来学习的准备，不能朝秦暮楚，只有专心研读才能将知识真正掌握好，否则即使换得专业再好，若不用心学习，也会荒废了学业。

第二，是否认真分析过专业前景？

很多人都因为专业冷僻而选择换专业，其实专业"冷门"并不代表就业前景不好。在高考报读专业时，有的人选择的是比较冷僻的专业，这些专业的知名度比较小，甚至很多人并不知道这些专业的存在，但由于这类专业的录取分数线相对较低，还是有不少人选择了这些专业。进入大学之后，因为对本专业不了解，就一心想换个好就业的"热门"专业，其实这并不是明智之举。

　　虽然这些专业的知名度不高，但大多都有着特定的人才培养方向，有的甚至是专门为某些行业和国家机构所涉及的行业量身打造的。因此，当临近毕业时，这些专业的学生可能就会惊喜地发现自己拥有着广阔的就业空间。而从另一个角度来说，即使我们换了所谓的"好专业"，也并不意味着未来能高枕无忧。随着社会的发展，曾经"好专业"就业情况也很可能降温，到时候也就只能后悔莫及了。

　　显而易见，换专业是我们改变人生的重要一步，但不是必须的步骤，做决定之前要理智考虑，充分分析，拒绝一时"脑热"的行为，无论换与不换专业，我们都要认真学习，这样才能定下心来享受美好的大学时光。

零遗憾忠告：

　　我们之所以会选择大学期间更换专业，主要是为了有一个更好的学习方向和就业前景，然而换专业不能冲动行事，要谨慎考虑之后再做决定，审时度势很重要，否则很有可能放弃一个原本很好的专业，而选择了一个并不适合我们的专业，那就得不偿失了。进行另一个专业课程学习也是一个全新的开始，会遇到很多困难，其中最突出的就是专业形态转变的困难，要学会处理好这个过程，减少对新专业产生的陌生感，才能跟上学习的脚步。

学一门，爱一门

很多人都说"干一行，怨一行"，每日重复的工作内容确实很容易让人失去新鲜感和激情。然而还处于学习阶段的我们却不能有这样的心态，要做到"学一门，爱一门"，这样学习起来才有主动性，也能更好地吸收知识，并且有所创新。

杨赤的故事对于学习和喜爱京剧的人来说应该不会陌生，杨赤就是"学一门，爱一门"的榜样。1972 年杨赤考入大连艺术学校京剧科，当时大中小学上课都不正常，大批学生上山下乡，城里的父母为了自己的孩子能留在城里，都想方设法为孩子在城里谋一个"铁饭碗"，因此那年的考试也是千军万马过独木桥的场面。

如愿考入大连艺术学校的杨赤很珍惜这个学习机会，开学后十分刻苦，学习和练功更是玩命。他每天早上五点起床吊嗓子，练基本功。京剧的基本功练习是很辛苦的，压腿、劈叉、下腰。

刚开始很多动作做不到位，杨赤就让老师和同学们扳着他的腿压，每次都疼得冒汗，但他始终咬牙坚持着，从来没有退缩过。练习的时候，别人练十遍，他就练二十遍，直到大汗淋漓、全身发麻才罢休。无论是寒冬还是炎夏，杨赤天天坚持勤奋练功，从不懈怠。

正是凭着这股劲头，经过五年的磨砺，杨赤不仅练就了扎实的基本功，而且演起大戏来也有模有样。毕业后，本着虚心、刻苦的原则，杨赤更加深入地学习和磨炼，在前辈和名师的指点下，演技有了大幅度提升。很多名家看了杨赤的演出后，都认为他是花脸行当中不可多得的人才。

京剧界中有一句话叫"千生百旦，一净难求"，意思是说在各个行当中，出一个好的花脸演员最是不易。杨赤崭露头角后，他的才能得到了人们的认可，他所在的剧团为了更好地培养他，专门请了京剧花脸表演艺术家袁世海先生来授艺。袁世海先生看了杨赤的表演眼前一亮，当即表达了想收杨赤为徒的想法。杨赤喜出望外，正式拜袁世海先生为师。

有了袁世海先生的传授，杨赤各方面的提高更是"一日千里"。就这样，杨赤会的戏越来越多，艺术积累也越来越丰厚，对艺术的精髓也把握得越来越精准，并形成了自己独特的艺术风格，赢得了"全才花脸"的美誉。1990年，杨赤以袁派名剧《九江口》在首都一炮打响，摘得中国戏曲最高奖项——梅花奖，成为国内京剧界公认的袁派艺术继承人。

杨赤的艺术成就源于他的勤奋和刻苦，只有拥有绝对的学习主动性，才能在学习过程中这么能吃苦。而对所学专业的热爱则是让我们获得成功的关键，杨赤正是凭着对京剧艺术的热爱，怀揣着内心的艺术追求，才会下苦心不断地磨砺自己，最终获得成功。

为什么要"学一门，爱一门"？

"学一门，爱一门"中的"爱"指的就是兴趣，有兴趣作导师，学习起来就会事半功倍。但是，我经常会听到一些同学抱怨说大学所读的并不是自己中意的专业，学习起来没有动力，很容易自暴自弃，大学也就浑浑噩噩，得过且过了。这是很负面的心态，也是我们很多同学都有的心态。

很多时候，我们并不能按照自己的想法选择。也许我们暂时改变不了世界，但我们至少要适应当下的安排，做到问心无愧。大学的专业或许是我们兴趣所在，又或许是我们并不喜欢甚至厌恶的，但如果无法改变，就要摆平心态，学会在慢慢与所学专业的接触中体会其中的乐趣，汲取其中的精华，用知识让自己丰富起来，为以后的工作和人生打好基础，因为每一门学科都是有用武之地的。此外，我们感兴趣的专业可以作为课余的学习，发展成自己的独特所长，这样才能两不耽误。

如何做到"学一门，爱一门"？

无论我们对所学的专业是不是感兴趣，从现在开始，都要用心去爱它，摒弃以前的厌恶心理和逆反心理，学好自己的专业是对自己的负责。至于如何做到"学一门，爱一门"，我们可以从以下几点做起。

第一，要重视所学专业。学习的内容只有得到足够的重视，我们才有可能去花心思研读。

第二，要挖掘所学专业。一门学科的开设自有它的道理，也有其精华所在。学会用心学习，才能领悟其中内涵。

第三，要学会创新。大学的学习模式并没有那么死板，所有的理论知识都是为了日后的工作实践而服务的，所以要学会在所学的基础上创新，这样才能让知识得到延伸和拓展。

不久前，看到过这样一个故事，名为"倾一生，做一事"，凡事能够做到这一点的人，最终都获得了成功。在我看来，既然能够"倾一生，做一事"，那么必定是对所做的事业有着极大的热爱或是抱着很强的成功信念，只有这样才可能始终坚持，决不放弃。这并不是要求我们一定要"倾一生，做一事"，但至少要做到"学一门，爱一门"，学的过程中抱着"爱"的心，才能真正学到有用的东西。

零遗憾忠告：

　　"学一门，爱一门"是一种智慧，只有拥有这种智慧的人，才能不枉大学四年的学习。成为一名大学生，就已经进入人生中的一个新的阶段，不能再任性而为，即使不喜欢，也要学好当下的专业课程，这不仅是为了在考试中获得好成绩，也是为大学生活创造好的条件，更是为日后的工作做好充分的准备。

了解所学专业在社会上的"行情"

　　在有些人看来，上大学最终也是最重要的目的就是未来谋得一份好工作，为自己挣得一个好前程。确实，大学的学历对于以后的就业十分重要，那么，我们所学的专业在社会上处于一个什么样的境况呢？这是我们大学期间就必须了解的，尽早了解我们所学专业的"行情"就能尽可能地避免日后就业时手足无措。

　　在报考大学所读专业的时候，就应该对相应的专业进行一定的了解，包括专业的主要学习内容、毕业后的就业市场，以及与专业相关职业的发展前景等。如果我们之前并没有过多的了解，而现在已经进入大学专业课程的学习中了，那么立刻开始了解我们的专业也为时未晚。

有的人也许会问，作为在校大学生我们又如何能了解社会上的"行情"呢？当然可以！

首先，从最基本的来说，我们可以通过学校对待专业的态度来进行初步判断。每个大学都有热门专业和冷门专业，对于一些热门专业，学校也会相对重视一些，通过学校的态度我们可以对所学专业在学校所有专业中的位置有一定了解，从而推测其在社会上的"行情"。

其次，现在是网络信息时代，很多问题都可以通过查阅和搜索找到答案。网络超大的信息量和飞快的更新速度，能让我们进一步了解到最新最全面的信息，达到了解所学专业在社会上"行情"的目的。

另外，一些社会实践活动也能让我们感受当今社会对于我们所读专业的需求和态度，这是最接近现实的，也是最适合的一种方法。

记得我大学刚毕业的时候，找工作四处碰壁，大学时期对专业的自信和毕业后现实的落差让我花了很长时间才调适过来。后来想想，这就是因为大学期间没有充分了解所学专业的就业市场以及发展前景，自作多情地怀抱了过高的愿景，导致毕业后心理上出现巨大落差。

　　所以，我们在大学期间一定要知道自己在学什么，为什么要学，学会知识后用处在哪里。只有找到了这些问题的答案才能在大学期间明确目标，不会因为迟疑而踟蹰不前，毕业之后也不会有太大的心理落差。

　　现在，很多大学生毕业后找工作时都会有挫败感。大学的时候对未来踌躇满志，梦想着一步一步顺利完成自己的人生规划，实现人生价值，对所学的专业在未来的作用也充满了期待。然而，带着这种热情自信的心态去找工作时才发现，那种踌躇满志不过是太过美好的空想而已，挫败感随之袭来。一些人为了生活不得不找了与大学专业不对口的工作。这就是不提前了解行情带来的负面影响。

　　初出茅庐的大学毕业生小吴有着和同龄人一样的锋芒和理想，也梦想着能在未来一展拳脚。但他找工作的过程很不顺利，不过，他很乐观地面对就业时的各种打击，并且屡败屡战。他学的是会计专业，这个专业在前些年异常火爆，甚至到现在依然有很多人趋之若鹜。事实上，不可否认的是，会计行业正在走下坡路，会计人才市场已近饱和。

　　早在2000年就有统计结果表明，会计人才已经呈现出供大于求的局面。加上这几年注册会计师认证深受从业人员的青睐，财会类人员的数量激增，这也直接导致普通财务人员的工作越来越难找，很多刚毕业的大学生更是四处碰壁。

对于这样的现状，小吴在大学期间就有所了解，但是他想，既然已经学了，就要专心学好，相信自己理论知识扎实，大学期间又有丰富的实践经验，找到好工作只是迟早的事情。小吴相信，不管什么专业，只要学精学好，都会有用武之地。虽然他现在找工作不顺利，但心里没有挫败感，因为大学期间他就对未来的就业市场有了一定了解，做好了充分的心理准备，不至于手足无措，也有勇气继续下去。凭着这种心态，最终小吴找到了自己满意的职位，开始施展拳脚。

之后，小吴又对会计就业的发展前景有了进一步了解，同时也调整了自己的人生规划。他认为，企业对高级财务管理人员求贤若渴，而目前内地的高级财务管理人才大部分来自香港和海外，很少有内地培养的高级会计人才。所以，他决定在工作的同时提高自己的专业水平，争取成为高级财务管理人才。

小吴是一位心智成熟的当代大学生，有着明确的目标和理性的想法，能充分了解自己所学专业的"行情"，为日后找工作奠定基础。这个事例告诉我们，就业并不是毕业之后才应该考虑的事情，大学期间对所学专业的市场前景有所了解，也是为以后找工作增加推进力。

零遗憾忠告：

　　一些大学毕业生在找工作碰壁时都会说"早知道就不会这样了"，但是"千金难买早知道"，毕业之后再后悔已经没有用了，只有在大学时就理性地对待自己的专业，不要有过高的期望，也不要失去信心，通过各方面了解所学专业的"行情"，才能让我们明确自己学的是什么，也能为未来的人生规划做初步定位。毕业的就业现实和理想中的样子或多或少都会有落差，要学会调整心态，只有先做到了解，才能降低落差，让自己更快地适应社会生活和工作。

现在的专业 ≠ 以后的事业

　　我们有时可以看到，大学毕业之后，原本学习美术的人却做了管理人员，原本学习工商管理的却做了文字编辑，这样错开的专业与就业形成了如今很大一批不对口专业的就业者群体。

　　这个现象主要是由社会的供需造成的，产生这个现象是好是坏难以评说，很多人虽然毕业之后就业专业不对口，照样工作得很好，甚至找到了另外的突破口来实现自己的人生价值。

对于在校大学生来说，要知道现在所学的专业并不等于毕业后的事业，不要因为自己学的专业就业率不高，或者所学专业不是自己的兴趣所在就对未来失去信心。

很多人就是因为专业不对口，所以就业之后在工作的过程中更加努力，更加奋力做好，以此来弥补自身的不足，而往往舍得这样下功夫的人容易成功，即便从事的事业与所学专业不对口。

大学的专业很重要，但并不能决定我们未来的就业方向，未来的就业除了能以专业为导向，还可以以兴趣、特长、机遇等为导向，这样我们的选择就能更加多样，未来的发展道路也会更加宽广。

第一，以兴趣为导向的就业会让我们对所做的工作充满热情和主动性。因为兴趣是最好的老师，周华健就是一个以兴趣为导向的成功案例。专业并不决定就业，只要兴趣能让我们发展成社会行业中所需的人才，那有何不可呢？

第二，以特长为导向的就业则能让我们很快脱颖而出，让自己拥有立足之地。所谓特长，就是指"人无我有，人有我优"的技能和优势，或许这个特长与我们的专业无关，但并不妨碍我们将其发展成以后的事业。所以大学期间要注意重视特长，发展特长，因为未来的道路上特长很可能会成为我们终生的事业。

第三，以机遇为导向的就业具有更多随机性，更需要我们的洞察能力和把握能力，抓住机遇，才能创造好的未来。这里所说的机遇包括未来的就业机会以及人生中的转折。很多时候，机遇比自身的条件和所做的准备更加重要，我们要做的就是在强化自身技能的同时求发展，不要让宝贵的机会擦身而过。

零遗憾忠告：

　　不少大学生在专业的学习过程中会抱怨专业不理想，甚至怀疑所读专业以后的就业前景。但要知道现在的专业不等于以后的事业，大学时代只是人生中的一个阶段，它确实很重要，却并不能决定未来我们的去向。大学期间我们要做的是努力学好当下的知识，丰富自身的文化底蕴和技术技能，在专业课程学习之余可以发展自身兴趣和特长，为以后做准备。

第二专业很可能成为你的第一方向

　　大学的学习具有多元性。大学更注重人才的培养，除了专业课程的内容，我们还可以根据自身的需要选择第二专业，也就是选修专业，以此来为自身的知识技能加分。

　　第二专业通常被简称为"二专"，是指在一些大学里学生除了本专业，还可以通过申请选择修读的第二个专业，这样学成之后学生就能获得双学位。另外，还有辅修，完成辅修课程的学习之后可以拿到辅修证书。不同的学校和不同的专业对第二专业的要求是不一样的，有些学校规定学生只能选择自己学院的第二专业，而有些学校则没有规定，学生可以在各个学院提供的第二专业目录上自由选取。

为了让自己充足电，我们中的一些人会研读双学位，这也是为日后的工作和发展增加筹码。然而还有一些人，只注重原本的专业课程学习，而没有在第二专业上花心思，这样虽然能让我们有更多的时间研究本专业，同时也有一些负面影响。

第二专业的开设不是为了让我们荒废本专业，而是让我们拓宽思维、多方面学习，它能够让大学生活更加丰富，使我们更能感受到大学的价值。

而且，多年的实践经验告诉我们，大学的第二专业有可能成为未来就业的第一方向。

有时会听到一些同学问，大学的第二专业有没有可能成为以后的工作方向？我的答案是肯定的，不仅可能，而且这个可能性很大。

曾经看到过一个很典型的实例。有一个大学女生，她所读的专业是工商管理，高考时她以优异的成绩考入本专业，是父母眼中的骄傲。然而工商管理并不是她的兴趣所在，而是迫于家人的压力选择的，文学才是她的兴趣所在。

　　进入大学后，为了满足自己对文学的追求，她报读了汉语言文学专业，以此作为自己的第二专业，并加入了学校文学社，与同校的学生交流文学体会和心得。大学轻松的学习气氛和开放式的思维方式让她深刻体会到了作为一个大学生的乐趣，文学课程的开展也丰富了她的学习生活。

　　那时的她还是将文学作为一种兴趣在学习培养，完全没有联系到以后的就业，而正是这个第二专业的学习，让她在毕业后找到了人生精彩之门的金钥匙。四年的大学时光转眼即逝，离开了充满梦想的大学，进入竞争激烈的现实社会中，难免会有些失落。然而更让人失落的是，她毕业那年，工商管理人才的供需已经几近饱和，工作很难找，一个好工作的机会更是让人挤破了脑袋。面对这样堪忧的就业情况，她开始转换思维，转而寻找与文学有关的工作，因为通过大学几年的学习，她已经获得了管理学和文学的双学位，这就意味着她具有更大的就业竞争力。

　　大学的文学研修让她具备了一定的文字功底，又有国家承认的学历学位证书，不久她就找到了一份文字编辑的工作。虽然要从最基本的做起，但是所在的公司有很大的发展空间，这让曾经四处碰壁的她十分满意。凭着工作的努力和对文学的兴趣，她不仅迅速适应了工作岗位，并且获得了上司的赏识，在短短几年之内平步青云，成为公司主要刊物的副主编，逐渐实现了自己的职业规划和梦想。

第二专业可能为我们毕业之后提供就业方向，也有可能成为我们以后的事业。所以，我们要用正确的心理看待第二专业，不要只是将其作为一种打发时间的工具，现在的重视会让我们在以后的道路中受益匪浅。

具体来说，读第二专业的好处有以下几点：

第一，通过申请选择修读的第二个专业，毕业时可以拿到第二专业的学位证书，获得国家承认的学历学位。

第二，根据如今的人才市场，多学科人才在企业中更加受欢迎。

第三，选择研读第二专业，有利于未来的职业发展及高薪要求。

第四，第二专业可以让自己保持学习的激情，还能从中学到更多的专业知识。

由此可见，选择学习第二专业，重视第二专业，无论是对大学生活还是对未来的职业发展都有着举足轻重的作用。第二专业有可能成为我们就业的第一方向，也可能为我们以后的就业增加筹码。我们要正确地看待第二专业，用足够的心思去学习，同时还可以多了解第二专业相关的发展前景，为日后的工作和发展做好铺垫。

零遗憾忠告：

　　大学，是脱离中学传统学习模式的新环境，具有多样性和开拓性等特点，在这个利于学习和成长的环境中，最适合学习不同的知识，丰富自身。我们正处于这样一个鲜活的年纪，处在这个具有无限可能的时期，为什么不为自己创造更多的机会呢？重视第二专业就是为自己创造机会，本专业固然重要，但是第二专业也可能成为我们创造奇迹的敲门砖，成为人生的主要发展方向。第二专业的学习能为我们增加竞争的筹码，实现更多的可能。

第三章

不光要学习，
还要会学习

　　学习不是一种机械的动作，而是智慧与汗水的结合。大学里没有人会逼着你上课，也没有那么多的模拟考试，所以我们要学会学习的技巧。大学里最稀缺的不是努力，而缺少独立的思想和自由的人格，要多想想自己想学什么，要学什么。

选修课：我们选到的就是我们能学到的

有些大学生认为，大学里学习的目的就是获得学分，只要能够顺利毕业，门门及格就高枕无忧了。

如果我们一直抱着这样的心态，毕业之后可能就会发现自己当初的想法是多么愚蠢和无知，而那时可能已经在社会中碰了很多钉子，已经没有了回头路。

大学的学习环境相对宽松，却并不意味着能荒废学业。很多大学生已经是成年人，有了主动学习的意识，不需要中学时的那种强制模式来推动学习，现在需要的是自己的主动性，在轻松的环境中主动学习才能得到更多知识。

因此，大学阶段我们要提升主动学习能力，多学习有用的知识。这里所说的有用的知识，不仅仅是本专业的必修课内容，还有专业以外的选修课内容，这是大学的特色之一，也是我们拓宽知识面的重要机会。

大学里，除了本专业的必修课，学校还会开设一些选修课。对于选修课的学习，大学生的态度不尽相同。有的人是为了学分，有的人是因为兴趣，还有的人纯粹是为了跟随别人的脚步。不管当初选修课程的原因和目的是什么，要知道，现在选的课程可能影响着未来的能力，所以我们都应该认真地对待选修课。

要重视选修课，选修课中学到的东西能让我们有所受益，也许在未来的就业中，曾经选修的知识会让我们脱颖而出。

小彭毕业于计算机系，在各方寻求工作之后，终于得到了一个重要的面试机会。这是一家规模很大的企业，也是他大学就梦想进入的企业。小彭在面试之前做了大量的准备，一心期望成功。

面试的那天终于到来，参加的人排起了长队，个个是计算机专业的高才生。看到这样的场面，小彭不禁心里打起了鼓：竞争对手都这么强，自己面试能通过吗？面试正式开始了，一个接一个的应聘者走进面试厅，终于轮到小彭了。他努力平复着心情走进房间，面对着面试官坐了下来，做了自我介绍之后准备接受提问。事前，他参考了各种计算机面试的专业问题，相信这次能对答如流。

然而，面试官并没有提有关计算机专业的问题，而是问了一个与历史有关的问题。这虽然出乎意料，但小彭心里还是暗自庆幸，因为大学时自己选修的就是历史，那时选修这门课程完全出于对历史的兴趣，没想到现在还能派上用场。于是，小彭调整了思维开始作答，不仅回答了考官的问题，还给出了自己的看法。小彭的表现让在场的考官很满意，他当场就通过了面试，获得了梦寐以求的工作。

从很多实例不难看出，选修课不仅仅是专业以外的打发时间的存在，不仅能帮助我们提高学分，更能让我们学到很多专业以外的知识，能帮助我们提高自身的素质和修养，增强技能。

面对大学中各种各样的选修课，我们又该如何选择呢？这个问题困扰着很多大学生。选择标准只是兴趣或学分吗？对于这个问题，有人在 200 所大学的大一学生中进行了一次调查。结果表明，近一半的学生会更看重课堂内容的实用性，那些能对今后职业发展打下良好基础、可以涉猎更广泛知识的课程受到了学生追捧。

那种为了追求学分而盲目选课的做法不可取。同学们应从自身的全面发展考虑，充分利用学校提供的各种学习资源，在大学的有限时间里学到更多的东西，以学到知识为根本出发点，而不要将眼光仅仅局限在修够所要求的学分上。最好是兼顾实用和兴趣，把自己喜欢的选修课和实用的选修课进行交替选择，有计划地享用丰富的"课程大餐"，这样才能将其真正消化成属于自己的知识能量，有助于自己的成长及发展。

所以，选修课的选择要兼顾实用和兴趣，实用能让我们有学习下去的理由，而兴趣则是最好的导师。

零遗憾忠告:

有的学生在挑选选修课时以获得学分为目的，所以选修课的出勤率不高。有些老师无奈只得每节课都点名签到，而学生也动起了歪脑筋，雇人代替签到或等到快下课时从后门溜进来签到，种种现象层出不穷，这让选修课成为一个可有可无的存在。如果这种情况继续下去，那么你不只是虚度选修课的上课时间，还浪费了获得丰富知识的机遇。我们要重视选修课，这样才能必修和选修双赢。

听讲座：不为听到什么，而为学到什么

为了让学生丰富知识库，学校经常会开展一些讲座，而我只要有时间或者稍感兴趣就会去听。刚开始的时候，我评价一场讲座的好坏仅限于老师讲话是否生动有趣，完全没有意识到讲座的实质性内容，导致通常一场讲座结束，我还晕头转向不知道老师所云为何。

后来，我发现，虽然自己经常去听讲座，接触老师，但始终没有学到什么东西。是不是讲座都是虚的，没有用处呢？我的心里有些疑惑。直到后来发生了一件事，让我知道了症结所在。

有一次，一场讲座结束之后，我跟一同去听讲座的同学去街上买衣服。以前我总是对同学的审美观很鄙夷，觉得她的眼光不入时，但这次这位同学却让我刮目相看。在帮我挑选衣服的时候，她说得头头是道，从色彩的搭配到款式的组合，让我很是诧异。

于是，我问她，什么时候开始研究这个了？

她的回答让我羞愧。她诧异地看着我说，"刚才讲座的老师不是讲了服装色彩和搭配吗？我只是现学现用。"

同样去听了讲座，我却没有学到应该学到的东西，我知道这场讲座白听了。因为我只在乎听到了什么，从来不去想、不去学，听过了就过去了，当然没有任何作用。

之后的每场讲座我都开始以不同的视角和思维方式去听课，学习其中的内容，一场下来，我的知识总是会增加不少，大学的生活也变得更加多样了。

听讲座，重点不是"听"，而是"学"，我们能学到什么才是最重要的。

有一位刚刚毕业的大学生回忆说："还记得第一次去听讲座的场景，那是大一的第一学期，那时我傻乎乎的，只是听说听讲座可以加学分就去听，但具体是听什么讲座我都不知道。第一次听讲座的确很痛苦，那时天气热，人又多，从头到尾我都是站着听，那时的感觉真的不是那么好受。之后，由于种种原因，我隔了好一段时间没有去听讲座。当再次踏进大讲堂时，我发现其实有一些讲座对我很有帮助，我确实能在听讲座的过程中学到很多东西。"

所以，不要带着打发时间和应付的心理去听讲座，那样的心态下，除了抱怨我们不会学到其他的东西。但如果用学习的心态去听，就会发现，其实讲座的内容还是值得学习的。

也许有的人会说，如今是信息化时代，即使在学校里，我们也有很多获得信息来源的方式方法，例如，上网、看书、参加活动等。而且作为当代大学生，我们获得的信息很大一部分都是来源于网络，只要有问题都可以在网上进行搜索，大多时候都能找到答案。然而，网上的资料虽然多，但其真伪难辨，这些资料的内容我们看过之后也很容易忘记。

随着大学的深入学习，我们会发现，有时候去听讲座获得一些信息确实是一个不错的选择。当然，去听讲座也要有选择性，不要盲目地为了学分去听，那样是毫无意义的，还不如留着时间去做自己觉得更有意义的事情。

今年刚毕业的小魏是一家外企新上任的英文翻译员，现在的他自信满满、工作充满热情。而在刚进大学的时候小魏却是另一个样子。他来自农村，到大城市念书时看到很多新鲜事物，在感兴趣的同时也产生了很强的自卑感，这让小魏无论在生活中还是学习中都做不到"昂首挺胸"。

直到大一时的一次讲座，彻底改变了他的状态。小魏说："那次讲座的主讲人是俞敏洪，一开始决定去听讲座纯粹是想见见这个一直以来的偶像，没想到听完之后只感觉醍醐灌顶，受益匪浅。"

回忆起那次讲座，小魏觉得正是俞敏洪在讲座上的那席话让他走出了阴霾。

俞敏洪说："如果你是一棵草，那么别人是不会看到你的，因为你矮小，被人踩踏时也不会有人因为感受到你的痛苦而怜悯你。人必须要做一棵树，就算你现在还不是一棵树，也要有树的种子，这样即使被人踩进泥土里也会吸收泥土的营养，最终长成参天大树。"那次讲座让小魏重新找回了自信和方向。

如果小魏始终只是抱着看偶像的心态听讲座，就不会将讲座内容与自身的情况联系到一起，并加以改善。因为只有用心学习讲座的内涵和深意才算真正听过。

在听讲座的过程中如何做到去芜存菁呢？听讲座之前首先要摆正心态，要以学习的心态去接受这次讲座。我们可以事先准备好笔记本，遇到需要记下来的东西时都要仔细记录，好记性不如烂笔头，也许以后这个笔记本会成为我们人生中的一笔独特财富。

此外，听讲座的过程中要注意所讲的实质性内容，即要了解语言里的深意，这往往才是我们真正需要学到的东西。

有的讲座会有一些互动问答环节，我们可以充分利用这个时机来提出问题，然后第一时间得到解答，这也是对讲座的一次主动学习。

最后，在听完讲座之后，我们要将所学的知识消化，有时可以适时地运用，达到学以致用的目的，这样也能让学到的内容得到巩固。

零遗憾忠告：

听讲座要注重"学"而非只注重"听"，这样才能去芜存菁，获得我们需要的知识。每一次讲座，都有我们可以借鉴的地方，毕竟每次讲座都是经过精心准备的，就算有和自己观点不同的地方，也值得我们去思考和仔细推敲。

读书：多读书，读好书

在这个网络信息技术飞速发展的年代，遇到问题时，很多人已经渐渐习惯了用电脑、手机等电子工具上网查找答案，很少有人会去图书馆翻书查阅。从时代发展的角度来说，通过网络查找更加方便和快捷，但对于大学生来说，网络资料信息量大、鱼龙混杂、更新速度快，很难保持资料的权威性和准确性。相对来说，读书更加可靠。

读书的益处相信不需要我再多言，正所谓"书中自有黄金屋，书中自有颜如玉"，而名人爱读书的例子更是不胜枚举。

著名相声语言大师侯宝林虽然只上过三年小学，但却酷爱读书，非常勤奋好学。这样的品质和不断的努力让他最终成了有名的语言专家。侯宝林对读书有着自己的追求。有一次他为了买到一本明代的笑话书，跑遍了北京城所有的旧书摊，却没有找到。后来他得知北京图书馆有这本书，决定把书抄回来。那时候正值寒冬，他冒着大风雪，连续半个多月每天跑到图书馆抄书，一本十万多字的书，终于被他抄到了手。他也终于能心满意足地细细品味这得来不易的宝贵财富了。

对书的热爱源于对书本中知识的追求，也源于提高自身修养的需求。现在我们通过各类图书馆可以获得想要阅读的书籍，不需要再走苦读的道路，但仍要用心阅读，认真品位书中真谛，让知识为我所用。

说到读书，我不禁想到了大学时候的一个同学。当时默默无闻的他，如今已是一家上市公司的高管了。

整个大学时代，他都特别普通，几乎没有什么特点，唯一的兴趣爱好就是读书。记得刚进入大学的时候，同学们都忙着放松自己，享受着大学生活。只有他每天下课就去图书馆看书，经常看到他拿着从图书馆借来的各类书籍到宿舍专注地阅读。晚上同寝室的同学们躺在床上聊天，他却抱着书"啃"，很快他就被我们取了个"书呆子"的外号。每次我们这样叫他，他都一笑而过，依然我行我素。

由于他对图书馆的图书分类和内容十分了解，每次临考我们都会让他帮忙找书，他也很乐意。就这样过了四年，每次考试前我们都会如临大敌般狂啃书，"临时抱佛脚"，只有他波澜不惊。后来的一次同学聚会中，说到了这件事，他说是因为考试的内容早就在心中，不需要临时发奋图强。

毕业季来临时，为了完成毕业论文，一向冷清的图书馆瞬间人满为患，同学们都想多查阅资料写出精彩的内容。而他一反常态，不再待在他钟情的图书馆，而是把自己关在寝室里专心写论文。

论文答辩时，我勉强过关，很是庆幸。后来得知他的论文答辩十分精彩。事后我问他论文的资料是哪里来的，他指了指自己的脑袋说："四年来我几乎把图书馆内有用的书读了个遍，所有的资料都在这里。"

我对他的敬意就是从那时起的，后来他在事业上取得了成功，对此我一点也不诧异，对于这样勤学的人，成功只是时间问题。

读书是一种积累，也许我们读一本书、两本书时不会感到有什么作用，但是通过日积月累，把读书当为一种习惯之后，我们就会发现，书中的知识已经在潜移默化之中带领我们达到了新的高度。

读书是一个好习惯，然而读书也要有选择性。

现在的市场上的书籍越来越多，这就要求我们会选择。有些书，内容生动有趣，让人意犹未尽，但不一定是好书，例如一些快餐小说。如今是讲究效率的时代，越来越多的快餐小说出版，这些书的特点是故事曲折离奇、引人入胜，有的甚至出版了好几部，引得不少大学生追捧。然而这些书的实际价值却不高，看的时候兴趣盎然，看完之后除了产生一些不切实际的空想，不会学到什么有用的知识。这类书我们当然不能沉醉其中。

臧克家说，读过一本好书，像交了一个益友。那什么样的书才是好书呢？在我看来，对自身提高有益处，能丰富我们文化知识和技能的书就是好书。多读书，读好书，才能让心灵在日积月累之中得到升华。

　　同时，读书的时候也要讲究方法，对于一些有价值的部分不能死记硬背，要重在理解。我们可以参考一些读书方法，或许会有不同的收获。

　　杨振宁教授读书时采用的是渗透读书法。他认为，当我们专心学习一门课程或潜心钻研一个课题时，如果有意识地把知识面拓宽到邻近的知识领域，必然别有一番新的体会。也就是说，我们可以在学习的过程中关注一些相关专业领域的书籍，即使暂时弄不懂，也会得到一些有价值的启示。采用这种渗透性的学习方法，会使我们的视野开阔，思路活跃，大大提高学习的效率。

　　英国作家毛姆则提出了乐趣读书法。他主张"为乐趣而读书"，认为可以同时读几本书，这样用不同的心情去阅读会更有效率。

　　著名散文家余秋雨认为畏友读书法能提高效率。他提出：应该着力寻找高于自己的"畏友"，使阅读成为一种既亲切又需花费不少脑力的进取性活动。尽量减少与自己已有水平基本相同的阅读层面，乐于接受好书对自己的塑造。我们的书架里可能有各种不同等级的书，而那些选作精读的书，不应是我们可以俯视或平视的书，而应该是我们需要仰视的书。

零遗憾忠告：

有人说"读万卷书不如行万里路"。我们身处校园之中，"行万里路"毕竟还不现实，而且毕业之后有的是时间去外面实践，在自身理论知识尚不足的现在，我们要做的就是"读万卷书"，通过这样的方法来提升自己。书到用时方恨少，不要等到用的时候才临时抱佛脚，而是要在平时学会积累。青年人就应该在书中得到成长。"多读书，读好书"，简单的六个字蕴含的深意需要我们用心去体会。

081

十本证书还不如一门精通

近来浏览网页的时候，不经意间发现了一个现象，那就是"考证热"。通过网络的调查发现，众多的考证专业中，会计、导游、英语等类的证书最为热门，参加证书考试的人呈逐年上升的趋势。不少大学生认为，多一本证书就是多一份就业竞争筹码，因此煞费苦心地利用课余时间充电，考取一本又一本证书。

复旦大学团委一项题为"当代大学生学习需求"的调研结果显示：60%的大学生参加校外培训班，内容涉及第二外语、计算机、专业技能等。受访的同学普遍表示学习是"多元化"的，他们认为，除了大学文凭，谁掌握的证书多，谁就能在就业竞争中掌握主动权，获得更大的竞争力。

在校园中，学子们交谈最多的话题之一就是"你这学期报什么班？"学校周围的书店里卖的几乎都是培训考证的教材。学子们最关心的话题，其中一项就是证书考试的通过率。

随着大学生"考证热"的出现，很多代考的专业机构也层出不穷，这些机构号称只要交纳一定的费用，就能包考包过。更令人五味杂陈的是，这样的机构本是违法的，却有很多大学生愿意找他们来代考，从而获得想要的证书。

代考机构的出现迎合了现在的考证热潮，这个现象也在一定程度上说明我们中的一些人考证的心理已经扭曲了，只知道自己要获得更多证书，却根本不知道自己为什么考证，这就是"只知其然，不知其所以然"。

事实上，有证书和有本事是两码事。即使花钱请人考试拿到了证书，难道就能证明我们对这一行真正精通了吗？当然不是，若真的精通，又怎么会找人代考呢。只能说明，一些人把一纸证书看得比实际能力更加重要。

每年10月，北上广人才市场就会迎来求职高峰期，已经毕业或者即将毕业的大学生们开始行动，频繁奔波于各大招聘会。通常都会制作精美的求职简历，展示各类能力证书。但如今，当你自信满满地把证书"捧"到用人单位面前时，可能听到"虽然你有证书，但相关性不大……"之类的话语。这让不少大学生感到既疑惑又无奈。

大学生费时费力考出来的证书，为什么得不到用人单位的认可呢？在找工作的时候，确实有很多用人单位会要求具有某种证书，但他们想要的不是一张纸，而是拥有这张纸的人所具备的能力。由于现在的"考证热"，很多证书的来源都掺杂了水分，导致现在很多用人单位对这些证书的认可度大不如前。

对于考证，我们要持理性的态度，不能盲目地认为证书越多越好，也不能随波逐流地抱着从众的心理，看到别人考这个证书我也考，要走出考证误区。主要的考证误区举例如下：

误区一：证书越热门越好。所谓的热门证书并不是成功的敲门砖，也不是开启未来之门的金钥匙。正如前几年最热门的会计专业，无数人乘着这股热潮投身会计证书的考试中，而等到证书拿到手才发现，原来有这个证书的大有人在，就业的时候照样要面临很大的竞争压力。

所以，考证的时候不能盲目跟风，应该根据自己所学专业和自身的实际情况来决定。

误区二：证书越多越好。曾经有媒体报道，某计算机专业学生拿着物流职业资格证、导游证等多张证书去应聘，用人单位反因他学习精力分散，职业定位不清晰，而拒绝录用。由此可见，证书并非越多越好，我们很多人认为多拿几张证书，就能在求职时更有底气，事实上这是一个误区。

大学生应该多结合自己的专业和职业目标，辩证地看待考证。

误区三：拿到证书就万事大吉，证书是就业的保障。如今，考证的人越来越多，证书的价值也不再如前。企业用人的时候会更注重应试者的实际能力，而非证书种类的多少，所以不要抱着有了证书就有了前途的心态，这样只会让我们在以后的求职中四处碰壁。

那么，走出误区的我们应该用什么样的心态来对待考证呢？又有哪些证书是能真正助我们一臂之力的呢？

首先，有证书，更要有能力。考证不是重在"考"，而是重在"学"，只有确实具备了这些能力，才有资格称得上是有证书的人，将来就算用人单位考我们的能力而不是看证书，我们也能轻松应对。

其次，要提高证书的含金量。证书不在多，而在于精，那些通过率高的大众证书认可度越来越低，即使考到手，也不会让我们在求职中获得什么优势。而一些通过率相对较低，含金量高的证书却能提升我们的价值，用人单位对这些证书的认可度也会高一些。

零遗憾忠告：

对于我们来说，考证无疑是为了更好的发展，但如果浪费时间、精力和金钱去考取一些没有价值的证书，并不是明智之举。证书的存在，是为了证明我们具备某一方面的能力，而不是一张空头支票。在考证的过程中，我们应该重视自己在培训时学到了什么，最终具备了什么，而不是考试之后能不能顺利拿到证书。只有明确了实际能力大于证书的道理，才能辩证地看待考证，也能用清醒的头脑让自己不被卷入考证的这股热潮中。

勤工俭学不同于勤工"简"学

只要稍留心就会发现，在很多高校周围的饭馆和店铺外都贴有招聘兼职的广告，而前来应聘的人中大部分是高校的学生。勤工俭学作为大学生活的一部分，如今已经得到了绝大多数同学的支持和赞同，甚至于一些人并不是因为经济条件拮据而选择兼职，有的同学兼职仅仅是为了体验生活和增加社会实践经验。

进入大学，我们除了学习，多一些实践经验对于我们的成长和未来工作都有好处，很多成功人士都是因为大学时勤工俭学而渐渐走上了经济独立的道路，人格方面也开始变得更加健全。

某师范大学的王同学"五一"期间参加了勤工俭学，体会颇深。他的主要工作是通过电话采访帮助公司收集客户的基本情况和基本意见。在工作中遇到了不少困难，在跟客户联系的时候，经常会碰到电话占线或者打不通的问题，有时在询问客人姓名、性别、年龄、身份证号码等私人问题时会让客人产生很重的提防心理，这时工作也不容易开展，还会经常听到一些牢骚，甚至会被客人直接挂断电话。

小王坦言，被拒绝的滋味确实不好受，这十分挑战心理承受能力。这是他第一次到校外工作，以前的身份是学生，通常都会受到一些优待，而勤工俭学时身份是工作人员，面对的问题就完全不一样了。

但最终他还是凭着毅力和努力做完了整个"五一"期间的工作。虽然这次勤工俭学的工作比较累，却也让他有了一次宝贵的工作经历，多了一份人生阅历。他说，以前总是以自我为中心，认为自己的需要才是最重要的。而在这次工作中，有的客户普通话说得不好，又或者通话时客户那边比较嘈杂，就会听不清对方说的话，我始终要保持平和的心态，不能急躁，要耐心询问，这让我学会了尊重客户。

勤工俭学带来的好处让人们对于"勤工俭学"这个词充满了

善意，一个在大学里勤工俭学的同学也常会让我们觉得他很有主见和独立性。然而，在高校中，也有一些老师很无奈地表示，有的学生为了勤工俭学经常逃课，虽然通过兼职赚到了一些钱和经验，但是专业课的考试成绩却很差，有的甚至影响到了毕业。

勤工俭学本是我们走向经济独立和人格独立的一个过渡阶段，为什么会带来这么大的负面影响，甚至影响到我们在大学的基本任务呢？

很多人在勤工俭学的过程中严重忽略了问题的主次，为了做兼职，把最主要的学习任务放在了后面，让勤工俭学变成了勤工"简"学。勤工俭学只能作为大学生活的一部分，而不是全部，所以当我们因为勤工俭学影响到成绩的时候，就要好好反省了。

不久前看到一个案例，说的是一个大学生因为考试成绩太差无法毕业，只能看着同级的同学走上社会工作岗位，自己却为毕业的学分而继续苦恼。刚上大学时，这位同学可谓是学校里的"打工明星"，一开学便利用各种机会找兼职赚钱，作为刚脱离中学学生身份的同学来说，能自己赚钱是件很"酷"的事情，他也在获得成就感的同时享受着同学们艳羡的目光。

他的成绩一向平平，在学校里很少得到关注，只有拿到兼职工资的时候才有成就感。为了打工，他开始逃课，刚开始逃选修课，后来就连本专业的必修课也找各种理由逃，用这些时间去做所谓的"勤工俭学"。那时候，在他看来，大学的课程都无关紧要，只要去做自己觉得有价值的事情就行了。

正是这种错误的想法让这位"打工明星"成为不能毕业的大学生。虽然大学期间做了很多兼职工作，但是由于没有专业的基础，他所从事工作的技术含量都不高，并没有在打工中学到太多东西，反而因为各种兼职而耽误了成绩，成为那一年全校极少数不能毕业学生中的一员。最终他后悔不已，以往的成就感逐渐消失，留下来的只有面临毕业的现实压力。

勤工俭学可以让我们受益匪浅，也能让我们一事无成，所有的事情都有好坏两个方面，重点是要我们自己学会把握好那个度。作为大学生，生活的重点还是学习，不要耗费过多的时间和精力去勤工俭学，毕竟现在我们仍然处于一个重要的学习阶段。

零遗憾忠告：

不要浪费过多的时间在勤工俭学上，勤工俭学的重点应该在"学"而不是"工"，它是大学生活的一种调剂，可以有，但不一定要有。一些没有尝试过独立工作的人会把勤工俭学的机会看得比课程学习更重要，这是一个很大的误区。勤工俭学是大学里的"选修科目"，最好的情况就是在不影响生活和主要学习任务的情况下，适当地进行勤工俭学，这样既能获得一定的报酬或者实践经验，又不会耽误学习，这才能体现勤工俭学的意义和价值。

089

第四章

交朋友也是
大学"必修课"

　　大学是社会的雏形，在步入社会之前这里是最好的历练场。为了真正步入社会之后有更好的发展，我们在这个历练场要多交朋友，扩展自己的人脉。

挖掘学生会里的“精英人脉”

社会上流传着一句话：“你可以没有能力，但你不能没有人脉。”简单的一句话，虽然不完全正确，却也道出了人脉关系的重要性。要拥有良好的人脉关系，就要有很好的人际交往能力，这样才能建成属于自己的人脉网络。

对于身处校园的大学生来说，社会上复杂的人脉关系似乎离得很遥远。其实不然，大学就是一个社会影像折射出来的一个雏形，是我们在正式走入社会之前的一个练兵场。在这里，人际关系同样重要。

大学的人际关系主要包括三个层面：与同学的交往，与老师的交往，与其他社会人士的交往。其中，我们最先也是最常接触的就是同学之间的交往。要在众多的同学中建立起自己的人脉网，就要学会去挖掘。

一般大学里最权威、最受瞩目的学生组织就是学生会，各系精英齐聚于此。挖掘大学人脉最好的地方，当然非学生会莫属。

"物以类聚，人以群分。"我们在什么样的环境中、交往什么样的朋友，在一定程度上也会影响到我们自己。加入学生会或者参与学生会的一些活动不仅能提高我们的学习工作能力，也是我们挖掘"精英人脉"的好机会。

记得我大一新入学时，我们新生由学生会的干事带去寝室，然后参观学校。第一次到大学校园，一些人像"乡里孩子进城"一样，这里瞧那里看，还不停地问各种问题，干事们会耐心地解答，说话间无不显现出对学校的熟悉和各种情况的了解。

从那时起，学生会在我心中成了一个精英齐聚的地方，我对学生会的人也十分崇拜。当然，不只我，很多同学也把加入学生会作为奋斗的目标。

入学不久，学校就开始了新生学生会干部培养计划，从大一新生中挑选一些进入学生会当干事。消息一出，想加入学生会的新生们都跃跃欲试，我本来也想参加，鉴于对手太多，还是选择了放弃。这个决定让我白白失去了一个机会。

看着新上任的干事们意气风发，我不禁有些失落，甚至有些后悔放弃了参加竞选的机会。这件事曾经让我在一段时间之内都充满了挫败感。后来事情出现转机，在一次学生会组织的全校活动中，因为活动的规模比较大，整个学生会都上下奔忙，为了加快筹备进度，还在各班组织了一些同学去帮忙，我也自告奋勇地去了。

在这次活动准备的前期，我接触了很多学生会的成员，包括当时我十分尊敬的学长，也是学生会的主席，并且有机会协助他的工作。在一次交谈中，他得知我想加入学生会，便鼓励我。也许是因为整个过程我很卖力，活动结束之后，在学长的推荐下，我破格成了学生会的干事。

我知道这个机会来之不易，在学习之余非常专注于学生会的工作，而我必须承认，正是这段时间的工作，让我从一个只懂得埋头啃书的普通学生，成长为一个具有很强工作能力和协调能力的学生会成员。

更重要的是，在学生会工作期间，我结交了不同的朋友，跟我原来自认为望尘莫及的学长学姐们成了朋友，他们为人处世的方式和学习模式让我受益匪浅。

学生会是大学里精英相对集中的地方，也是最有挖掘价值的地方。我们可以通过不同的方式挖掘出这些精英人脉的价值，使其为我所用。

首先，学生会聚集的人不仅仅是学生，也是学生中的工作人员，这样的双重身份要求他们在具备良好学习能力的同时还要拥有很强的工作能力。

其次，学生会成员会比一般学生接触到更多的人和事情，其中包含很多为人处世的方式。学生会经常跟老师配合工作，能了解到更多学校的事情和课业上的知识，另外，在很多大学学生会的工作日程中，都有协助接待外宾这一项，这就让学生会成员拥有了开阔眼界和获得更多知识的机会。如果我们能合理地挖掘这些精英人脉资源，就能更加熟悉学校的内部情况、一些制度的来源，同时获得更多的学习资源和机会。

再次，挖掘学生会中的"精英人脉"，不仅要知道他们身上的价值，加以学习，更重要的是，要处理好成员之间的关系，用真诚的心与他们成为朋友，建立自己的交际圈，将他们纳入我们的人脉网。与学生会精英成为朋友，通过交流我们可以增长知识、交换思想，做到取长补短。

最后，精英们身上一般都有一些宝贵的人脉资源和学习资源，我们要学会借鉴和共享。例如我在学生会工作期间，学长经常会赠予我一些重要的学习资料，这是在外面有钱都很难买到的，这也是人际交往中让我受益的一个方面。

现在，作为学生的我们或许暂时无法深刻地感受到人脉关系的重要性，不过随着毕业以后深入社会，就会有很深的体会，如果那时才反应过来，就已经为时晚矣。所以现在，要利用大学这个学校到社会的过渡阶段来锻炼自己，初步建立自己的人际交往圈，扩大人脉关系网，让自己终身受益。

零遗憾忠告：

　　学生会相当于学生中的"高管部门"，里面有着很多可供挖掘的"精英人脉"。我们要有去挖掘的意识和能力，学习这些精英身上的优点，同时获得宝贵的资源为我所用。在与学生会成员交往的过程中，我们可以选择性地发展一些挚友。"近朱者赤，近墨者黑"，交什么样的朋友，在一定程度上体现着我们是什么样的人。当大家成为真正的朋友时，即使是学生会中的精英，也会成为我们人脉网上的一条坚固脉络。

好的社团就是一个好的人脉圈子

　　九月，又一批学子进入了大学。大学里，课余活动十分丰富。在众多课余活动中，社团活动占了很大的比重。

　　有的人看来，大学的社团活动可有可无，不需要太过重视；有的人甚至认为加入大学社团会影响学习。这样的想法虽然有一定的道理，但是存在以偏概全的嫌疑。

　　存在即合理。大学社团经久不衰，自然有存在并发展的道理，我们不能只看到不好的一面。只要处理好社团活动与学习之间的关系，就能两全其美。

在大学学生会工作的一位同学认为，很多同学在高中只想着学习，工作实践经验很缺乏，参加大学社团活动能锻炼自己，获得一定的社会经验。

大学的社团具有多样性和开放性，在丰富我们大学生活的同时，还能提供很多学习和实践的机会，更重要的是能让我们交到不同的朋友，扩展大学的人脉圈子。

小周是一所高校大四的学生，他即将毕业，回忆起这几年的大学时光，他说，最成功的事情就是结交了很多挚友，带给了自己很多帮助。

小周说，刚进大学的时候觉得什么事情都很新鲜，甚至能在学校允许的情况下拥有很多丰富的课余活动和工作，学校不再是单调而枯燥的存在。由于他兴趣广泛，而且充满热情，进入大学不久就加入了文学社和学生会。在学长、学姐们的帮助和指导下，他渐渐习惯了在学习之余开展各种丰富多彩的社团活动，并热衷于此。

大三时，小周被选为文学社社长，文学社在他的带领下获得了学校最佳社团的称号。这些成绩在小周看来并不是最重要的，他说，在社团工作时，他结识了很多优秀的同学，从他们身上学到了很多宝贵的品质和技能，并与他们成了朋友，从而建立了自己的大学社交圈。

由于社团的工作有时需要与一些社会人士和单位联系，小周也因此认识了一位杂志社主编。这位主编对小周的文学见地和才华很认可，很早就向小周发出了邀请，希望小周毕业之后能去他们杂志社工作。正是这个机会让小周找到了之后的方向，即使即将毕业，也不需要像其他同学那样忙于四处求职了。

社团的工作让小周学习了不少文学知识，也与校友建立了良好的人际关系，更让他遇到了人生的伯乐，避免了很多弯路。

加入社团是一种扩展我们人际交往圈的好办法，或许还会给我们带来意想不到的机会。

也许有些人会说，既然这样，我们多加入几个社团，不就能认识更多的人，把社交圈子扩展得更大吗？

凡事都要量度而为之，一旦过度就会适得其反，选择社团的时候也要慎重，不能认为谁加入的社团多，谁就更有能力。我们要选择能真正学到东西的社团，确保社团开展的工作是有价值、有意义的，这样才能结识更多有能力、有理想的朋友，增加朋友圈的含金量。所以，加入的社团不在多，而在精。加入一两个好社团，比加入十个不知所谓的社团要好得多。

而且，如果花太多的时间在那些不知所谓的社团活动里，不仅会浪费自己的时间和精力，还有可能影响学习，那就得不偿失了。

　　好的社团就是一个好的人脉圈，那么什么样的社团对我们来说才是含金量高的"好社团"呢？

　　相信很多新生都曾为加入哪个社团而苦恼纠结过，面对各种各样的选择，似乎就面对着未来不同的课余生活，慎重当然是应该的。

　　在选择社团的时候可以从几个不同的方面考虑。

　　第一，兴趣。例如，喜欢写作、读书的同学可以加入文学社，让自己的才华可以施展，还能跟社团成员交流文学心得，从中获得不小的进步；喜欢跳舞的同学有舞蹈社可以让我们有歌舞相伴，相互学习切磋；另外还有英语协会、跆拳道协会、心理协会等多种多样的社团可以供我们选择。

　　开展社团活动的初衷就是丰富学生生活，让学生有更多的收获和快乐。如果不能根据自己的兴趣来选择，那就太悲哀了。也许我们所选的专业不是兴趣所在，那也不要紧，选择自己感兴趣的社团也能弥补这个不足。

　　第二，本专业内容。或许有的同学并没有特殊的爱好，那么也可以根据本专业的学习内容来选择加入哪个社团。例如英语专业的同学可以加入英语协会，在开展社团活动的时候不仅能体会另一种学习氛围，还能在这个过程中巩固本专业所学的知识，学以致用。

　　第三，未来的人生规划。每个人都有自己的理想和人生规划，大学加入社团也许就是我们开始实施人生规划的第一步。曾经有一个留学生跟我谈起过他的大学，他说，从小他就有留学的梦想，但仅仅是梦想而已，自己根本不知道留学意味着什么，也不知道应该做些什么准备。直到在大学里参加了留学生协会，才对这些问题有了初步的了解，同时也更坚定了他出国的想法。

　　全面考虑以上方面，我们在各种社团的选择中就容易找到自己的方向，不至于眼花缭乱。在选择了好的社团之后，我们就要让自己尚显狭小的人际圈子在以后的各种活动和工作中不断壮大，从而建立起属于自己的好的交际圈。

101

零遗憾忠告：

　　其实，大学里参加社团也是一种学问，不能凭一时冲动，也不能跟风而行，要看这个社团对我们有没有真正的帮助，我们能不能学到东西，能不能结交到值得交往的朋友。好的社团就是一个好的人脉圈子，能帮助我们建立起最初的人脉圈子。

人脉嫁接：同学的朋友就是你的朋友

我很喜欢旅游，每次出去游玩，都会叫上一两个好友作陪，以免一个人在路上孤单和无趣。有时一些好友还会另外叫上他们自己的朋友，这样一来，往往出行的人就会从最初的一个，变成最终的一小群。

对于这样的情况，我一点也不介意，相反，非常乐意我的朋友叫上其他的朋友，即使他们的朋友我并不认识。因为这样能让我结交新朋友。往往一路游玩下来，原本不认识的人，也成了朋友。一次单纯的游玩，意外收获了新朋友，我的人脉圈又得到了扩大。

相信这样的事情不止发生在我一个人身上，很多人在学习、娱乐时都可能会遇到这样的情况。曾经就有一个女大学生向我抱怨，说她的一个朋友每次出去玩都会叫上她不认识的一些人，这让她觉得很尴尬。

其实换一个角度就不会这么认为了。每个人的生活圈子有限，结交的人也很有限，要想扩展我们的人脉圈，有更广的人脉，那就要学会将同学的朋友发展成我们自己的朋友，也就是所谓的"人脉嫁接"。

大学虽然跟很多同学共同学习生活过，但其中大部分都因为交集不多而印象模糊了，唯独有一位同学，虽然我跟他没有太多交集，他却给我留下了深刻的印象。

我跟那位同学是在一次社团活动中认识的，相处之后觉得这个人挺不错，就介绍了我们社团的社长给他认识，方便以后联系活动。以前他们彼此并不认识，自从我介绍认识之后，这个同学就经常与社长见面，在开展活动的时候也主动协助我们，最后跟社长成了朋友，通过社长的介绍加入了学生会。

这是一个简单却典型的人脉嫁接的例子，或许这位同学一开始就存在目的性，但是他能通过自己的努力来发展人际关系，最终达到加入学生会的目的，这也是扩展人脉圈给他带来的利益之一。后来，这位同学坦诚地对我说，他喜欢通过同学介绍认识更多新朋友，这样能帮助他扩展人脉关系，做起事情来也会少很多阻碍。

人脉嫁接是一种智慧，如果理解透彻、做法得当就能让我们获得很多好的人脉资源，无论是对自身，还是对学习、工作，都大有好处。当然，发展更多朋友也不能盲目进行，要发展一些有利于我们学习和发展的朋友，而不是"损友"。

一个朋友的同学曾是重点大学的学生，高中时成绩优异，进入大学之后心态也调整得很好，在相对宽松的环境中还能保持较好的学习状态，但是这样的状态却没有持续太久。大一下学期，

103

在同学的介绍下，他认识了一些社会上的青年，经常一起出去喝酒上网，渐渐地，他跟那些朋友成了"铁哥们"。大二的时候，他们迷上了网络游戏，通宵不归是常事，就算在上课，只要"兄弟们"一个电话，他就毫不犹豫地逃课跑去网吧。

就这样，本来专心学习的好学生变成了沉迷网络游戏的"逃课王"，大学四年什么专业知识都没学到，实践工作经验更是没有，毕业时就连学位证书都没有拿到，工作一直没有着落，身边的人都说他是"废了"。

同样是通过同学介绍认识新朋友，为什么最后的结局却大相径庭呢？原因就是人脉嫁接要有选择性，要嫁接"优质人脉"，这样自己才能在交往中不断提升，然后获得更多学习或工作的机会，而不是一味地讲究哥们义气，不分主次，放弃学习来维护友谊，这样的话，也就失去了人脉嫁接的意义了。

同学的朋友就是我们的朋友，前提是这个朋友能发展成优质人脉资源，如果只是酒肉朋友或者玩伴，那就不需要浪费我们的心思了。那么，什么样的朋友才需要我们花费心思去维系、嫁接呢？只要这个人身上有着需要我们学习的品质和能力，或者能在某些事情上为我们提供帮助和促进我们发展，就值得将其发展成为我们的朋友。

那该怎么样来进行人脉嫁接呢？其实，方法有很多，但主要在于运用。

首先，我们需要一颗真诚的心。想交到真正的朋友，首先我们要用一颗真诚的心去对待，这样才能以心换心，让对方把我们当朋友。用心交往的朋友往往比用金钱、酒肉维系的朋友要稳固得多。

其次，我们要做到互利互惠。当我们把对方作为人脉嫁接的资源时，或许对方也是这样想的，所以我们要尽量为对方创造利益，这样才能在我们需要帮忙的时候得到回应，互利互惠。

最后，要学会互相学习。"三人行必有我师"，作为优质人脉资源，朋友的身上一定有值得我们学习的优点，我们要学会取长补短，不断完善自己，提高自己，这样我们才能更好地跟朋友相处。

其实，在大学里交到好朋友的方法有很多，人脉嫁接的技巧也有很多，只要我们有意识地去发展自己的人脉关系，筛选优质人脉资源，就能在不断的成长过程中扩展我们的知识面，获得更多的人生挚友。

零遗憾忠告:

　　一个人的智慧、眼界和能力都是有限的，要想发展就必须扩展人际交往的圈子，人脉圈的大小在一定程度上决定着我们能走多远。不要局限在自己的世界里，不要认为人际关系这个复杂的课题还在毕业之后等着我们，大学就是一个过渡的社会和模拟的战场，从现在开始，学会把同学的朋友发展为自己的朋友，就是一种初步的成功。

同学：最牢固的人脉关系

最近看到一份问卷调查，调查的对象是一些大学本科生，在反馈回来的 300 份问卷中，有很大一部分同学表示，在生活学习中遇到问题时，最先想到的是跟自己的父母或者好友倾诉，而不是找同学。还有很大一部分同学在经过一年的学习后，还认不清自己同班同学，个别同学几乎没有和自己班里的一些同学说过话，"同窗"已难再名副其实。

这一现象与大学学分制有很大的关系，传统学年制度下，学生的学习和生活是以班级为单位展开的，师生、同学间平日接触时间较长，彼此关系亲密。实行学分制后，学生自主选课，由于每个学生课表不尽相同，这使上课时间、地点很难统一，平时接触就少了，甚至同班同学也互不熟悉。

从这个调查结果不难看出，现在很多同学与同窗之间的交往日益淡化，有的已经完全不重视同学间的友谊，这是很可悲的，而且可能为我们的人生带来很大的遗憾。因为只要好好相处，就会发现，其实同学之间的情谊是最夯实、最质朴的。

同学的深厚情谊可以延续一辈子，并且比社会上一些有利益牵绊的朋友间的情谊牢固很多。即使时代在进步，制度在改变，我们也不能忘记这份难得的同窗情谊，大学的同学可能会成为我们一生中很重要的财富，同学会是我们发展人脉关系中相当重要的一环。

在校园的学习生活中，我们接触最多的就是同学，关系亲密的挚友也往往是由同学发展而来的。

一提到同学，很多人自然而然地想到了自己的室友和同班同学，当然他们是我们需要经营的朋友，但这里所说的同学并不局限于此，不仅指目前班里或系里的同学，还包括以前中学时代，甚至是小学的同学。这样，我们的同学圈子就能在时间和空间上得到延伸，从而发展出更多的人脉资源。

很多人进入大学之后，就把中学时期的同学淡忘了，开始迎接新的朋友，新阶段当然要有新气象，但就像一首歌唱的 "结识新朋友，不忘老朋友"，这样我们才能让友谊长存。

以前的同学主要依靠我们用心维系，而大学的同学资源除了维系，还要靠我们去挖掘。大学校园中有很多机会可以结识新的朋友，我们要积极地、有选择地积累自己的人脉资源。大学校园有各种各样的活动，演唱会、讲座、比赛、辩论赛等，都是很好的扩展人脉的机会。

记得我大二时参加辩论赛，对方中有一位辩友的气质和口才都让我非常欣赏，很想深入认识一下。在辩论赛结束之后，我找机会跟她交流了一下，发现对方的思想很有深度，对事情也有独到的看法。后来我们成了朋友，在生活和学习上遇到问题时，我喜欢找她倾诉，她也给了我很多有价值的建议。

无论是社会人士，还是身处象牙塔中的我们，人脉关系都非常重要。我们在发展不同的人际关系时，不要忘记，作为大学生，我们最基本的人脉关系，就是同学。用心真诚相处，同学会是我们牢固的人脉关系，搞好同学关系能让我们大学期间多些顺心，少些纠结。

发展同学关系、处理好同学关系、维系好同学关系是我们打好大学人脉的基础方法。大学对很多人来说，是校园学习的最终阶段，现在相处的同学也许是我们人生中最后一批真正意义上的同学，珍惜这些人脉资源，就是珍惜大学时光赋予我们的一笔重要财富。

零遗憾忠告:

　　"弹指一挥十几载，同窗友谊最真诚。"同学之间的友谊，是纯洁的，没有经历过社会上的利益纠纷、尔虞我诈，少了很多虚假，多了很多真诚。与其离开校园，进入社会之后感叹世态炎凉，还不如在大学时期维护好同学之间的关系，为我们的人脉网络打下最坚实的基础。同学不仅是我们大学时期的伙伴，在以后的人生中也可能起到至关重要的作用，甚至成为我们成功之路上不可或缺的一个环节。

109

跟你的导师做朋友

　　很多人把老师和学生的关系比作猫和老鼠的关系，认为老师和学生经常是对立的，并且喜欢玩捉迷藏。这样的认知让不少学生对老师有逆反甚至敌对心理，造成师生关系紧张，出现了各种各样的问题。

　　相对于中学来说，在大学里师生关系缓和许多。大学的学习氛围相对宽松，而且学生开始拥有更强的自主学习能力和生活能力，导师的督促相对来说少了很多。接触得少一些，发生矛盾的机会也就少一些。有的大学生对导师没有太多的不满，更多的是生疏。

正在读大一的小陈说，高中时，每天都有班主任督促，上晚自习班主任会坐在讲台上，上其他任课老师的课，班主任也会时常在教室外巡查。大学完全不一样，很少有机会见到导师。一是大学导师不会像高中班主任那样频繁地出现在我们面前进行督促；二是很多事情我们自己可以处理，一般不会去找导师。这两方面就造成了师生之间的生疏。

在一些人看来，跟老师搞好关系只是为了防止考试挂科，这是很狭隘的，也浪费了这个经验知识丰富的宝库。处理好跟老师的关系能让我们有更好的个人发展。老师除传道授业之外，还有很多地方能帮助我们，跟老师搞好关系不仅能在学术方面有所提高，还能在一些其他领域收获意想不到的惊喜，并得到更多机会。校园中，除了学生，最多的就是老师，同学是我们重要的人脉资源，而老师也不例外。在大学时代跟老师们搞好关系，会让我们受益无穷，能收获同学交往中得不到的财富。

万俊是一个机械系的在校大学生，他所在的学校是以工科为主。他说，他的理论成绩很好，最缺乏的就是实战经验，这也是工科学生的通病。但这个通病是有办法改变的，因为每个任课老师手里都有几个项目或课题，来不及亲力亲为时，就会交给学生去继续研究。如果跟老师关系好，就能从老师那里拿到项目或课题，并在老师的指导下完成，完成得出色，就可以为以后的求职带来很大帮助。

为了增加自己的实战经验，万俊决定跟老师搞好关系。他经常会去跟老师交流课业和生活上的一些事情，不上课的时候也会跟老师像朋友一样相处。后来由于他跟自己的专业老师关系好，那个老师把好几个课题都交给他做，在老师的细心指导下，他顺利地完成了其中一个项目，并申请到了专利。

许多老师拥有丰富的知识，不仅有本专业的知识，还有一些其他方面的知识。跟老师成为朋友，可以扩展我们的知识面，增长见识。

大学时，我的马克思哲学理论成绩很糟糕，我觉得这是一门很枯燥的课程，上课打不起精神，看书复习也提不起兴趣。但马克思哲学理论却是我们的必修课，为了考试及格不影响毕业，我不得不向马克思哲学理论老师请教课程上的一些问题。

以往上课的时候我总觉得老师讲课很无趣，都是些纯理论的东西，对老师的认识也仅限于"教书"而已，但是在跟马克思哲学理论老师请教课业问题时，这个认知却有了很大的改变。可能因为不是在课堂上，这位老师在跟我交流的过程中比较随意，不仅为我解答一些书本上的问题，还会不时地表达一些他的看法，谈吐之间无不彰显他的文化素养和扎实功底。我发现其实他是个很有个性的人，而不是像我一开始认为的那样是个死板的人。

在交谈中，老师知道了我不喜欢这门课程，便建议我从其他的角度开始课程的学习，而不是强迫自己局限在专业课本上。他推荐我看一些马克思恩格斯列宁斯大林原著，例如《西方哲学史》等。通过对原著的阅读，我发现这些书并没有课本那么乏味，相反充满了辩证智慧。从那以后我开始喜欢上了哲学，并在不断的学习中得到了提高，考试也如愿以偿地拿到了高分。

一般老师的阅历和认知要比我们丰富很多，对事情也会有自己独到的看法，也许我们纠结很久的事情，跟老师交谈半个小时就能解决。当然，老师传道、授业、解惑的领域并不止停留在专业理论上，一些假期实习和毕业求职的事情也可以寻求老师的帮助。

老师与同学存在一定差异，我们与之相处的方法也不尽相同。同学们大多处于同一个年龄阶段，很多见识和喜好都是相同的，但老师一般比我们年长，关注的事物和喜好的东西或许跟我们不在一个平面，这就要求我们在交流的过程中保持礼貌和尊重，但是不能过于拘谨，要做到坦诚相待。

零遗憾忠告：

大学里，导师不仅是导师，也可以成为我们的朋友。跟导师做朋友，能让我们接触到课堂上得不到的知识和机会。

只要我们懂得花时间和精力去跟导师交流，很容易就会发现，他们的阅历能让我们看得更远，他们所具备的知识和见解就是一座等待开启的宝库。如果能把导师发展成为我们人脉网络上的一部分，那么我们的大学生活将会更为精彩，甚至还能为毕业之后的就业增加筹码。

有些朋友“有毒”

我们在生活、学习中经常会结交一些朋友，朋友间的交往扩大了我们的交际圈，也能丰富生活。然而，在交朋结友时也要有选择性，好的朋友应该在情绪低落时互相安慰，也会在遇到困难时及时提供帮助，在不正确地处理问题时适时指出，在学习和事业上都能互相支持，不图回报。但也有一些朋友，他们在交往过程中过分重视自己的利益，自私自大，虚伪卑鄙，甚至不惜牺牲朋友的利益来成全自己，这样的朋友我们就要敬而远之了。

看过电影《投名状》的人大多会为片中赵二虎和姜午阳的兄弟情而感动，对于庞青云这种为了成就自己的野心，不惜加害重情重义的兄弟的人，也会觉得心寒。虽然这些只是电影中的情节，但现实生活中也不乏"庞青云式"的朋友，即我们所说的"有毒"的朋友。现实中这些朋友虽然不至于像庞青云一样加害朋友，但也严重影响了我们的生活。

我的一个朋友是一所知名大学的老师，在一次交谈中他跟我说起了关于学生的一件事。小陆是他班上的一个学生，平时学习态度很积极，性格开朗，很受同学和老师欢迎。但有一段时间，我的朋友明显发现小陆的情绪不太对劲。他不是上课迟到，就是作业漏洞百出，就连平时交流也会分神开小差。

为了搞清楚小陆为什么会出现这样的情况，我的朋友决定找他谈一谈。于是，小陆被叫到了办公室。由于我朋友平时跟学生的关系不错，小陆很快就说出了最近发生的烦心事。他说，其实他自己没什么事情，主要是他的一个同学感情出了状况，最近失恋了，每天晚上都会叫他出去喝酒，因为两人关系不错，小陆也想开导他，所以每次都赴约。

谁知，这个同学天天买醉，这都过去半个月了，还是没有想通，小陆也从开始的开导，到最后的无奈，只能陪着喝酒。每天晚上睡眠不足让小陆白天打不起精神上课，同学的低落情绪也影响了小陆的心情，让他对爱情产生了严重的怀疑，甚至对生活都失去了原本的热情。

小陆说得十分真诚，但我的朋友还是忍不住怀疑，难道朋友的情绪和状态能对人影响这么深？不久之后，他看到了一篇报道，这让他相信了小陆的话。

那篇报道称，美国研究人员最新发现，如果一个人感到疲惫、崩溃或者缺乏自信，不只是与个人有关，还可能与友谊有关。报道的题目就是"小心，朋友'有毒'"。

生活的心态会被朋友影响，要杜绝与"有毒"的朋友交往，为自己营造一个积极的生活氛围。

朋友可以大致分为安全有益的和"有毒"的两类，那在我们身边，什么样的人是"有毒"的朋友呢？

第一，喜欢暗中搞破坏的人。这种人往往表面上关心我们，背地里却喜欢凭借自己对我们的了解来攻击我们的弱点，这就很容易让我们背后遭遇冷箭。

第二，不遵守约定的人。当我们与朋友约好时间后，可能会遇到被放鸽子的事情。如果对方临时有事迫不得已，我们可以理解，但如果对方本质上就是一个不遵守约定、不重视承诺的人，那对我们也不会真诚以待。

第三，多愁善感的人。消极的情绪很容易传染，如果我们的朋友是一个多愁善感的人，那我们的生活态度也不会积极到哪里去。因为他经常会把我们当作免费的心理咨询师，各种苦水都往我们身上倒，这会严重影响我们的心情，甚至让我们对生活失去信心。

第四，以自我为中心的人。以自我为中心的人，也可以说是自私的人。这种人虽然嘴里喊着"友谊万岁"，心里却只想着自己，一旦面临利益的选择，永远只会把自己放在第一位。

第五，完全意义上的坏朋友。有的人拥有一些看似很"酷"的朋友，他们经常逃课、打游戏、喝酒、打架，让人跟着一起堕落。这些很"酷"的朋友往往会是一场灾难，如果我们的自制力不够强，就会毁了自己的一生。

以上这几种朋友是常见的"有毒"的朋友，我们在结交朋友的时候经常会遇到，如果真的遇到了也不要紧，重点是不要让自己中毒，学会避免与这些人成为朋友，已经成为朋友的，也要学会远离，这样才能净化自己周围的环境，免于"毒害"。

因此，我们要学会分辨好朋友与坏朋友，多发展一些对自己学习生活有帮助的朋友，这样才能免去"有毒"朋友的困扰。

人们说"人生得一知己足矣"，拥有挚友会为我们的人生增光添彩。但如果结交了一个"有毒"的朋友，不但会增添困扰，甚至会毁了我们的人生。有些朋友"有毒"，我们要避免"中毒"，就要学会清理身边"有毒"的朋友，结交安全有益的朋友。

零遗憾忠告：

朋友是我们人生的宝贵财富。大学生活多彩多样，有很多机会让我们结交新的朋友，甚至能进一步发展出一些挚友。

对于大学生来说，一些时候感性胜过理性，但面对"有毒"的朋友，要果断地远离，否则可能会被他们推入深渊。

第五章

大学不会教你恋爱，
但你要学会如何爱

　　爱情不是洪水猛兽，也不是灵丹妙药。爱情有它美好的一面，到了大学，就算不恋爱，也不能对它一无所知。大学生应该把恋爱当成一门选修课，它能够教会我们书本上学不到的东西。无论什么时候，都要记住，花开堪折直须折，莫待无花空折枝。同时，在享受爱情的芬芳时也别忘了，爱情花带刺，别让它伤了手。

你可以不恋爱，但一定要学会去爱

在中学时，谈恋爱是一种忌讳，会被老师和家长戴上早恋的帽子，遭到各种说教。进入大学，我们来到了一片开阔的天地，爱情的芬芳吸引着我们沉醉其中。

如今，在校大学生结婚已经不算是什么新鲜事了，越来越多的大学生赶在毕业之前，选择在同学和老师的祝福下完成自己的人生大事，甚至连学校宿舍也成了简单而甜蜜的婚房。大学里采摘爱情的果实能让生活更加甜蜜充实，为我们的青春增添很多靓丽的色彩，不少同学都认为大学不谈恋爱就辜负了大学四年时光。

在我看来，大学生恋爱可以享受更多美好的时光，为两个人未来奋斗的心也能提高学习的积极性和主动性，从很多方面来说是有益的。那么，这是不是说进入大学我们就必须找个对象，谈一场轰轰烈烈的爱情呢？当然不是。

对于我们来说，大学里谈恋爱不是禁忌，但也不是必修课，而是一门要用心去选择和学习的选修课。

大学是我们从学生到社会人士的过渡阶段，无论是学习、生活的自主能力，还是情感心理方面，我们都在趋于成熟。经历一场认真专注的恋爱，可以让我们变得成熟。即使不投身于爱情中，我们也要学会如何去爱，让自己的情智在学会爱的过程中走向成熟。

就读于某大学二年级的小云是一位漂亮自信的女孩子，学习成绩优异，入校之后就一直活跃在学校社团的各大活动中，很受男生们的关注，她也希望能遇到一个心仪的男生，谈一场浪漫的恋爱，但始终未能如愿。

直到一次学校开展书法比赛时，她认识了一个才华横溢的男生。这个男生是大三的学长，在那次的书法比赛中获得冠军，并受到了校长的褒奖。当他站在台上领奖时，小云为他的才华和帅气折服，当时就决定追求他。

从那以后，自信开朗的小云对学长展开了猛烈的攻势，不久便成为学长的女朋友。能够得到心仪男生的青睐，小云觉得很甜蜜，热恋的幸福也一直围绕着她。

也许是因为自身很优秀，骄傲惯了的小云把那份大小姐的脾气带到了恋爱当中。两人在一起没多久，她就开始任性起来，要求学长凡事都要围着她转，要以她为主，稍有不顺心就无理取闹，只要她想出去玩，就算学长在上课也要逃课陪她去，这严重影响了学长的学习成绩。一段时间之后，原本成绩优秀的学长竟然考试挂科了，心态也逐渐变得消极。

小云以自我为中心而形成的恋爱压力让学长喘不过气来，最终学长决定与小云分手。本以为这份幸福能维持下去，还沉浸在其中的小云不知所措，不明白为什么学长要抛弃她。直到学长向她坦白了自己的感受，她才开始正视自己恋爱时的表现，这才意识到了自己的缺点，但错误已经造成，无法挽回，留下的只有后悔和愧疚。

正是因为不懂得如何去爱，就盲目地投身到爱情中，在恋爱的过程中总是以自己为中心，不会为对方考虑，小云的爱情才会以分手而告终。大学中的恋爱不都是快乐的，也可能给我们带来很多困扰，只有真正学会了怎么去爱，才能获得美好幸福的爱情，为自己和对方带来益处。

看到校园中成双成对的情侣，我们不要艳羡，为了谈恋爱而谈恋爱是不太可能有好结果的。在大学里我们可以不找对象，但并不代表我们可以不懂得去爱。要知道如何去爱一个人，就要做到以下几个方面。

最重要的是尊重。爱一个人的最基本表现，就是我们必须尊重对方，尊重对方的生活、爱好、看法等，这样才能在交往的过程中不影响到对方的生活，不给对方造成不必要的困扰。懂得尊重对方，才能为彼此留下自由呼吸的空间，才能在恋爱的同时感受其他方面的美好，让生活更加丰富多彩。

然后是真心。以心才能换心，真正的爱情应该是心与心的交流，用真心才能换来同样一颗真诚的纯洁之心。

一些人在家里的时候，通常是家庭的中心，但在恋爱时要打破以自己为中心的习惯，学会换位思考，甚至在一定程度上把对方看得比自己更重要，用诚挚的心才能换来珍贵的爱情。

最后就是要学会经营。即使是看不见、摸不着的感情，也是需要我们用心经营的，这里所谓的用心经营与金钱无关，重点是要学会与爱人的相处之道。首先要了解对方，了解才能让人感觉体贴入微；其次就是要培养共同的兴趣爱好，正所谓"道不同不相为谋"，志同道合才能走得长远。最后就是要懂得宽容忍让，要知道，退一步海阔天空。

懂得了这些恋爱时的"规矩"，即使大学里我们不去感受"风花雪月"，也能做一个懂得如何去爱的人，这样，当爱情来临时，不至于手忙脚乱，错失良机。

零遗憾忠告：

校园中的情侣有时美煞旁人，单身贵族们有时也会为该不该恋爱徘徊。有人说大学是爱情的培养皿，不谈恋爱就浪费了青春，其实这种说法很片面。爱情的到来能为青春增彩，但它只能作为大学生活的一部分，并不是必不可少的一部分，我们可以投身爱情，也可以单身，但无论怎样，我们要懂得爱情是什么，如何去爱，因为这是我们走向成熟时必须懂得的道理。

了解之后才能做恋人

成就一段爱情需要的不只是浪漫情怀，更不是迷恋，而是深入地了解和心与心的交流，这样才能成为真正的知心恋人，而不是一时冲动结成的情侣。

大学有着轻松的学习氛围，丰富多彩的活动，还有着浪漫疯狂的爱情，看着身边的情侣卿卿我我，很多人也希望能找到自己的那一位，一起携手共度美好的大学时光。

正是因为有这样的心态，很多人都打着"恋爱至上"的旗号，为了跟随大学谈恋爱的大潮，只要看对眼，就草草确定恋爱关系，沉溺到所谓的爱情中来。这样成就的爱情，一开始也许甜蜜，但是过不了多久，问题就都会显现出来，甚至让我们遍体鳞伤。

不久前，看到一则新闻，说的是一个大学男生的恋爱故事。男主人公是某知名大学的大三学生，入学以来一直专心学业，没有像其他同学那样分心谈恋爱。因为他家境不好，大学的学费都是父母找亲戚借的，为了不辜负家人的期望，他始终埋头学习，希望毕业后能找个好工作，报答父母。

在他看来，谈恋爱不仅浪费时间，而且还需要花费很多钱，大学里的爱情对他来说是奢侈品。

眼看只有一年多就要大学毕业，终于可以自己工作给家里减轻压力了，但这一美好的愿望在他邂逅一个女孩之后终结了。

正当他为自己的大四实习做准备时，他遇到了大学里第一个女朋友。那天他在学校门口的小饭馆吃饭，由于人特别多，旁边的座位都满了，后来进来的一个女孩子被安排跟他同桌。那女孩看上去也是学生模样，比较健谈，得知两人同校之后就开始交谈起来。

一顿饭后，两人熟络了起来，他得知女孩跟他不仅是校友，还是同级生，家里的条件也不好。两人相同的背景条件让他有种惺惺相惜的感觉。

自那以后，他们时常见面，后来发展成了恋人关系。原本对他来说是奢侈品的爱情，如今竟也降临在了他身上。爱情一旦降临一般就让人无法拒绝，他有些措手不及。

还好女孩对生活没有过多的要求，平时非常简朴，不像有些女生那样要进出高档的饭店，经常要花钱娱乐，甚至动辄要各种名贵的化妆品，这让他很欣慰，更加决定要对她好。

两人的爱情顺风顺水，家里听说他找了一位这么懂事的对象也很高兴，本以为幸福就这样围绕着他们，谁知不久后，女孩的母亲生病住院，急需五万块钱医药费。由于家境不好，这笔钱无疑是一笔巨款，女孩只得四处筹钱，却没有结果。

看着女孩焦急的样子，他想到了向家里求助。父母听了他的诉说，表示家里也没有钱能提供帮助，但可以再向亲戚借一些，反正一年之后他和女孩也毕业了，两人一起工作就能很快把钱还上。

于是他拿着父母借来的五万元钱交到了女孩的手中，只想着解了燃眉之急，就能继续过他们幸福的小日子。他怎么也想不到，女孩拿走了五万块钱之后，就再也没有出现过，任凭他百般寻找都没有结果。

直到后来，他才知道，原来这个女孩根本不是什么简朴懂事的女大学生，而是一个诈骗团伙的成员，已经用这种手段骗取了好几个男生的钱。

原本浪漫美好的爱情，到头来只是一场镜花水月的美梦，损失的不仅是那笔家人借来的钱款，还有青春和纯粹的情感。如果能深入了解谈恋爱的对象，而不是盲目冲动地那么快在一起，那么这样的骗局完全能避免。所以，谈恋爱之前要先了解，彼此了解，才能彼此理解，理解之后才能成为知心恋人。

零遗憾忠告：

爱情有时候像罂粟，充满了诱惑，被吸引之后很容易丧失理智，然而这正是我们要避免的，恋爱绝不能草率。也许有人认为，我们有年轻的本钱，即使在爱情中跌倒也有足够的时间爬起来，只要有喜欢的对象就应该不顾一切地去追求，避免错过机会。有倾慕的对象是可以勇敢追求，但在坠入爱河之前，我们必须深入了解对方，这是对自己负责，也是对恋人负责。

兔子也可以吃窝边草

大学里成就的恋情有很多种，可能是友情的升华，可能是偶然邂逅的一见钟情，还有可能是同窗相处之后发展出来的相知，但无论怎样，爱情的美好总是让人情不自禁地沉醉其中。不同的恋爱历程有着不同的精彩和浪漫。

记得大学时，曾经有一段时间，宿舍里的同学都相继有了恋爱对象，只有我一个人过着单身贵族的生活。室友们看不过，经常找机会给我介绍对象，而我自己虽然不着急，却也不好拒绝，每次都硬着头皮去见面。这样的相亲非常尴尬，两个陌生人，没什么共同话题，又不得不见面聊天。

几次之后，我再也不同意去相亲了，没有相同理念和生活交集的人，我觉得很难走到一起，也许相亲这种模式并不适合我。后来我发现，与其像无头苍蝇一样去相亲碰运气，还不如从身边挖掘"资源"。

大学里，我们身边并不乏优秀的异性资源，可能是同班同学、同系同学或者其他系的校友。虽然有"兔子不吃窝边草"一说，但对于我们来说，只要对方身上有值得我们倾慕的品质和心动的东西，即使是"窝边草"，我们也可以照"吃"不误。

129

相对于其他对象来说，同学之间的交往会多一点轻松，将同学之情升华成为爱情也更加顺其自然。如果我们能在同学之中找到自己心仪的对象，就能免去与不是同学的人交往带来的一些烦恼。

譬如，在双方刚开始接触的时候，我们难免会有些拘谨，聊天的内容也很局限，这样的情况会导致恋情进展较慢，甚至很难发展下去。而与同学谈恋爱却很少发生这样的情况，由于学习背景和生活环境相同，很容易就能产生话题，而且往往处于同一个学习阶段的人也会有着相似的理想和生活目标，这对于感情的培养以及经营都很有帮助。因此，同学相恋能让感情更快升温。

再如，很多人都认为学生谈恋爱的最大问题之一就是跟学习相矛盾。也正因为此，不少老师和家长都不赞成校园恋情。虽然大学里的时间相对宽松很多，但恋爱要花费时间和精力，难免会让我们在学习和恋爱中厚此薄彼。如果我们的恋爱对象是校友甚至是同班同学，那么这个问题就会变得很容易解决了。

因为作为同学，我们学习的时间大致相同，不会出现我们有时间而对方在上课的情况，这样就避免了很多同学为了谈恋爱而逃课的问题。课余时间可以一起放松，学习时间可以一起学习进步，同步的学习和生活不仅不会给成绩带来不良影响，还可能互相鼓励，共同进步。

此外，从恋爱的长度来说，同学相恋也更利于感情的长久。毕业于某大学计算机系的方同学跟女友是同班同学，大学四年两人经历了从热烈到平淡的恋爱过程。这对年轻情侣通过了大学几年的时间考验，并经营这段感情至今。

如今两人已经各自工作，虽然毕业之后并没有在同一个地方上班，但每天都会通信联系，从来没有间断过，而且每周会见一次面。这样相处也同样能很好地维系他们积淀了几年的感情。在方同学看来，他们刚开始恋爱就有着共同的生活理念和奋斗目标，作为同学，大学四年一直是在互相扶持和鼓励中度过的，也为两人的未来做好了人生规划。现在双方的感情很稳定，父母也都比较支持，方同学对两人的未来充满了希望。

　　跟同学恋爱不失为一种获得和维系一段好感情的捷径。那么，我们要怎么样和心仪的同学维系好感情，并将这种同学情谊发展成为浪漫而踏实的爱情呢？

　　与那种毫无感情基础的相亲相比，大学同学之间的交往有着一层早就存在的友情基础，这样更有利于进一步交流和发展。所以，在大学里，如果倾慕某个同学，就要学会利用这层同学感情的优势，来将其发展成爱情。

　　比如，可以先从同学的角度出发，适时地关心和帮助对方，让对方产生好感，然后再深入一步成为知心的朋友。在对方接受了我们的好意之后，表达出自己的心意，这样就容易水到渠成了。整个过程需要的是真诚的心和实际的行动，做好了这两个方面，相信浪漫的同学之恋就不远了。

零遗憾忠告:

　　同学之间的交往是比较真诚和纯洁的，相对于社会上一些目的性太强的恋爱来说，大学可谓是爱情的一方净土。在大学里，我们如果能遇到心仪的对象，那是一种幸运，如果那个心仪的人还是我们的同学，那就是幸运中的幸运了。与同学发展成恋人能让感情更快升温，并更好更长久地保鲜。

寂寞不是恋爱的借口

现在，人们的生活节奏加快，衣食住行各方面都讲究效率，这样的趋势让快餐文化开始充斥于我们的生活。只要我们稍微留心就会发现，快餐文化无处不在，甚至开始影响原本最纯洁的爱情。

网上的一项调查显示，现在一些大学生的恋爱已经趋于快餐化，本应该慢慢培养的感情，变得来也匆匆、去也匆匆。这样的现象让人们不得不正视一个问题——大学生恋爱的目的何在？

在大学生的恋爱调查中，45%的同学认为大学恋爱的目的就是丰富课余生活，而30%的同学认为谈恋爱是为了摆脱孤独和寂寞，只有15%的同学表示谈恋爱是以结婚为目的。由此可见，如今大学生间真正以结婚为目的的恋爱少之又少，而排遣寂寞则成为很多人在大学恋爱的原因，这样的结果让人唏嘘不已。

如果空虚寂寞是促使众多大学生谈恋爱的原因，那么我们大学生为什么会感到如此的空虚和寂寞呢？

其实不只是大学生，任何人都有觉得空虚寂寞的时候，这是一种自身的感觉。既然是感觉，那么就存在不稳定性，因此寂寞随时会来，也随时会走。

一旦人的感觉被寂寞占满，我们就会下意识地采取措施去驱赶寂寞，比如有的人会选择玩游戏、运动、学习，或者谈恋爱。比起其他的方法，谈恋爱可以算是驱赶寂寞的一个很有效的方法。

对于大学生来说，从中学的沉重课业负担中跳出来，进入氛围轻松的大学时代，拥有了更多的课余时间，如果找不到方法来打发时间，寂寞就会像春日的草一样疯狂滋长，爬满心房。为了拔除寂寞的杂草，很多人都会选择找一个对象来缓解寂寞。而且，大学生正处在一个精力旺盛的时期，男生多情，女生怀春，似乎在大学这个象牙塔里不好好恋爱一场，就辜负了这大好的时光。

然而，为了驱赶寂寞而开始的恋爱，最终大多只能以分手而告终。大学生恋爱已经不再是禁忌，大学生校内结婚也比比皆是，但我们只有明确恋爱的目的，正视恋爱的责任性，才能真正投身其中，这是对自己负责，也是对另一半负责。

也许我们会常常感觉到寂寞，但寂寞不能成为我们恋爱的理由，单纯地为驱赶寂寞而投身恋爱中，到头来只会让双方都受到伤害。即使我们现在的身份还是学生，也要为自己的选择和决定负责，一旦投身恋爱中，就要用真诚专注的态度去经营。无论何时，爱情都不应该是儿戏。

刚毕业于某大学的小简对此感触颇深，他在毕业之前跟恋爱三年的同校女友分手了，专心投入求职的大军中。

小简表示，刚进大学，对一切都觉得新鲜，觉得新生活就此开始了，但一年以后，对校园基本熟悉，失去了新鲜感的大学生活显得无聊又空虚，看着同学们都开始谈恋爱，出双入对，他也想找一个对象消磨时间了。

进入大二之后，小简开始跟同年级的一个女生谈恋爱。刚开始两人感情急速升温，无论是吃饭、出行，两人都在一起，心中的寂寞早就被当时所谓的"爱情"填满了。那时他觉得，用恋爱来打发时间，真是个不错的选择。

直到大四面临实习的时候，他才开始后悔当初草率地恋爱。当初为了缓解寂寞而恋爱，却不知这种没有未来规划的恋爱会耗费他太多时间和精力，导致学习跟不上，成绩不佳，实习单位很久都没有着落。

最后虽然找到了一家实习单位，但由于理论基础不足，无法胜任实习工作，只能草草结束，根本就没有积累到什么实践经验。

认识到谈恋爱带来的问题，小简实习结束后就跟女友提出了分手。女友恋爱时对他很用心，见小简要分手非常伤心，但也无可奈何。结束了这段感情之后，小简开始专心找工作，希望能用自己的努力弥补自身专业知识的不足。

在小简看来，如果大学用端正的态度去恋爱，做好长久在一起的准备，就能跟对方一起合理规划未来，在不耽误学习的前提下互相鼓励进步，获得双赢。如果像他那样，仅仅是为了好玩和排遣寂寞而谈恋爱，不仅会分散心力，还会影响学习和就业，也会伤害对方。

　　要想成功，就要耐得住寂寞，守得住爱情。寂寞不是我们恋爱的借口，必须以认真负责的态度去对待恋爱。

零遗憾忠告:

　　很多事情的发生都是由于"寂寞作祟"。寂寞随时都会到来，随时都会散去，我们要主宰自己的内心，而不要让感性的思想牵着我们的鼻子走。我们已经是大学生了，要懂得用理性的思维看待事情，即使面对恋爱的问题也一样。因为寂寞而恋爱只会费时费力，伤人伤己。只有树立正确的恋爱观，才能知道恋爱也需要用心经营和维护，这样爱情才不至于在轰轰烈烈之后以失败告终。完美的爱情应该是热恋之后敢于归于平淡，并在细水长流之中相互扶持，共同进步。

别为另一半过度压缩自己的空间

　　恋爱让我们从以前的形单影只变成了出双入对，无论是心理上、生活上，或是学习上都有了互相鼓励、互相关心的人。当然，事情都有两面性，以上是恋爱好的一方面，除此之外，还有坏的一面。

两个人的生活跟单身时不尽相同。在恋爱中，我们要学会宽容和迁就，不能以自我为中心。但是，这种宽容和迁就要有一定的限度，否则就会适得其反。一些人在恋爱的时候过度宽容和迁就对方，渐渐失去了自我，没有了自己的生活空间，这样会导致爱情缺氧，最终面临窒息的境地。

恋爱中的大学生也不要因为恋爱放弃自己原本的空间，要学会在生活和学习各个方面保留一定的独立空间，这样才不至于变成依附在对方身上的爱情傀儡。

小田在某大学念大三，如今的她正处于苦恼之中，而令她苦恼的，正是相恋了四年的男友。小田跟男友的恋情从高中时期就开始了。高中毕业之后，小田考上了大学，而男友因为高考落榜提前走入社会参加了工作。相恋以来，两人感情一直很好，男友也对她十分关心。本以为这样的情况能一直延续下去，但事不遂人愿。

小田进入大学之后，开始了新的人生阶段，对自己的大学生活充满激情。男友为了能就近照顾小田，也在学校附近找了一份工作，两人开始了新阶段的生活。

这样的生活没有持续多久，问题就出现了。小田刚开始专业课程的学习，需要多花费一些精力，而且她加入了学生会，课余经常会组织一些活动，所以空闲时间就不多了，有时候学业和工作太忙，甚至顾不上跟男友的约会。男友对这样的情况很不满，认为小田没有顾及他的感受，要求小田腾出更多的时间陪他。

为了不让男友不高兴，小田犹豫再三，最终推掉了学生会的工作，只要有课余时间，就会出来陪伴男友。但这种迁就并没有使男友满意，因为后来男友辞去了工作，每天都有空闲时间，对小田的要求就更多了。小田希望维持这段感情，始终迁就着男友，不断地缩减自己的空间，甚至经常逃课出来跟男友约会。

这种迁就虽然让小田暂时保住了这份恋情，但对她的学业和生活却造成了很严重的影响。由于男友的不理解，她在大学里几乎没有交到什么朋友，所有空余时间都在陪伴男友，后来的逃课更让这个原本成绩优异的高才生，变成了门门功课垫底的挂科生。

学习的下滑、朋友的缺乏，让小田觉得自己被这段恋情束缚得喘不过气来。恋情持续到大三，她再也无法忍受这样的生活，终于跟男友走到了尽头。

在一些人看来，爱一个人就是要让他高兴，如果我们自己存在的空间让他不高兴了，那么就要无条件、无限度地压缩自己的空间，满足对方的要求和心愿。其实这样做是不正确的。两个人在一起，不是要谁单方面付出和忍让，这样的爱情不会长久。只有两个人共同用心经营，互相理解和包容，放手给予爱的人一个自由的空间，才能让爱情不断吸收新鲜的养分，走得更远。

在恋爱中，不要要求对方为了我们放弃原本的生活和学习空

间，也不要为了对方过度压缩我们自己的空间，无论是哪种，都
会让爱情缺氧窒息。

> **零遗憾忠告：**
>
> 爱情应该是被呵护和浇灌的美丽花朵，需要双方共同培养。而两人各自的适度空间则是爱情之花的养分，是爱情成长和保持新鲜必需的。别为另一半过度压缩自己的空间。两个人都有丰富的空间，才能创造出独一无二的美丽爱情空间。

感谢那些使我们成熟的"前任"

几年前，有部国产影片，上映之后，成为一匹票房黑马，这部影片就是《失恋33天》。相信不少人都看过这部电影，影片中的一些台词现在已经成为网络流行语，然而在这些颇显诙谐的台词背后，蕴藏着很多关于恋爱、关于生活的哲理。

在《失恋33天》中，女主角从一开始的低落颓废，到最后笑着面对生活，不可不称其为一种成长。恋爱时的各种甜蜜与幸福的回忆充斥着失恋之后的生活，让人沉浸在失落与痛苦之中，然而这个过程中的经历和感悟会让我们懂得更多，最终走出来的

人会更有勇气微笑面对得失。

在很多人看来，"失恋"是个不折不扣的贬义词，而在我看来，"失恋"充其量算个中性词，它让人痛苦，也让人成熟。当曾经亲密的爱人变成了"前任"，甜蜜的爱情只剩下回忆，我们痛苦、焦虑、憎恨、后悔，各种情绪喷涌而出。然而冷静之后，我们不难发现，其实离我们而去的"前任"不仅带给了我们爱情的回忆，还有一份经历之后的成熟。

我们正值青春年华，而爱情有着一种魔力，吸引着我们奋不顾身地坠入情网，而在付出了真心与努力之后，爱情可能会离我们远去，心中的悲愤难以言说，失恋后的落寞也让我们低落。然而，我们不能沉浸于此，要学会走出消极的情绪，不要去怨恨带走我们美好爱情愿景的人，而是要用一颗平静的心去感受这份感情，换一个角度，去感谢那些使我们成熟的前任。

前段时间，在网上看到一个帖子，发帖人提问："大家觉得最尴尬的事情是什么？"有不少人回复说，最尴尬的事情是逛街遇到前任。其中有一个回帖人是大学生，他说自己跟前任女友是同校的，偶尔在校园里碰到就会觉得很尴尬。

对于这个问题，相信不少人也苦恼过。分手之后是老死不相往来，还是继续做朋友？每个人都有不同的想法，而答案的不同也透露出我们对于前任的看法和认知是否成熟。

有的人认为前任是令人尴尬的存在，有的人则把前任当作知心的朋友。无论怎样，我们必须承认，在很多方面，正是前任让我们变得成熟，不管这是不是前任有意为之。

每个人的恋爱经历不同，前任带来的感受也不尽相同。对有的人来说，前任带来的爱情是甜蜜美好，并充满期待的；而对另一些人来说，与前任的爱情不过是一段痛苦的回忆。无论是哪种，至少前任能让我们学到很多东西，这是很可贵的，我们要珍惜两人曾经的回忆，从恋爱的相处中找到自己的不足，从而让自己更加完美。有的前任给我们带来的是痛苦的回忆，那么结束一段恋情也许是一种解脱，但是在这段恋情之中，我们可能更容易发现自己真正想要的是什么，当遇到真正的爱情时，我们才会加倍珍惜。

大学生要明白爱情的游戏规则，更要从失败的爱情经历中接受教训，从而学到课本中学不到的东西。很多人的感情之所以会趋向成熟，正是在一段段恋情中"修炼"的结果。

或许这样的对比有些太过沉重，但即使是尚未完全成熟的我们，也应该知道，失恋只是一个过程，我们最终总要振作起来，弄明白自己在这段感情中的得与失，这才是经过一场恋爱后的真正收获。

曾经有人对一群大学生做了调查，调查问卷的题目就是"前任让你学到了什么？"有人说，失恋让自己学会了如何真正地去爱一个人；有人说，失恋让自己学会用宽容的态度生活；还有人说，失恋让自己学会了如何放下……如此种种，我们都暂且认为这是前任带来的一份美好吧。

零遗憾忠告：

前任也许只是我们遇到对的那个人之前的一种爱情演练，让我们有更好的姿态去接受真正的幸福。所以，无论前任带给我们的是痛苦还是美好，都要学会放下，让曾经的这段经历成为我们独有的成长历程，以此为戒，在未来的道路中更好地享受生活。感谢那些让我们成长的前任。

性：大学生避不开的恋爱话题

我们周围有很多广告，电视、广播、网络，大街小巷，到处都充斥着大大小小的广告，而在众多广告中，有一类广告近年来愈发频繁地出现在我们的视野里，那就是"人流"广告。这类广告不但越来越多，而且价格也越来越"亲民"，让一些囊中羞涩的大学生不再为"人流"的价格而纠结，有些医院甚至打出了"凭学生证"优惠的招牌。

一次调查显示，在庞大的"人流"大军中，在校大学生已成为主力军。究竟是什么原因造成了这样的现状？

一项针对大学生的"性与生殖健康状况"调查结果显示，如今的大学生性观念逐渐开放，性行为日益增多，但与此同时，大学生对避孕和生殖健康的知识却知之甚少。

调查的结果显示，60% 左右的学生持性解放的观念，70% 以上的学生对婚前性行为及未婚同居等行为持宽容态度。14.4% 的未婚高校学生承认有过性行为，而在首次性行为中采取避孕措施的为 47%，在性行为中每次都采取避孕措施的只有 28.7%。有过性行为的学生中，有 25% 以上的学生都经历过意外妊娠。

从以上这些数据中，我们或许可以初步得到"为什么大学生成为人流主力军"问题的答案。很多大学生发生性行为之所以没有采取避孕措施，主要有三个原因：第一，有一部分学子认为，偶尔的性行为不会导致怀孕；第二，认为采用避孕措施会影响情趣；第三，性行为没有在计划之中，所以没有准备避孕药品和用具。

通过调查，我们可以基本看出当代大学生对于性的观念和看法，同时也可看出我国大学生在性方面知识的匮乏。

大学生可以提出对性教育的需求，同时自己也要多学习这方面的知识，这并不是见不得人的事情，相反是对自己和伴侣负责。以前，我们生活的环境比较保守，人们几乎谈性色变，但现在日益开放，我们不能再避开这个本就避不开的问题了。

那么，大学生与伴侣发生性关系到底应不应该呢？这个问题促使很多人去研究和调查，而专家们的观点也不尽相同。但在我看来，"性"对于大学生来说，不应该是禁忌，因为大学生大多数已经是成年人，恋爱中彼此吸引，很容易就会偷尝禁果，如果对此一味地禁锢，只会产生更多问题。

虽然大学生接触性是正常的，但这是建立在科学健康的性关系前提下的。当下人们的思想渐渐开放，对很多社会现象也能以宽容的态度看待，正是因为这样，一些大学生失去了对性行为的重视，甚至仅仅把性行为当作一种尝试，不经过深思熟虑，就草率决定，从而导致很多心理和社会问题的出现。

调查研究发现，大学生对性行为了解不透彻，不重视性行为会对自身和周围的人造成很多负面影响。

"性"本该是纯洁美好的，我们也要用真挚的心和负责的态度去对待。一旦将其作为尝试或者娱乐，那么势必对大学生的心理造成不良影响。因为这种游戏人生的态度很容易被带入未来的工作岗位和生活中，造成社会责任感的缺失。

一些大学生发生性行为是没有经过慎重考虑的，并没有做好为自己的行为负责的准备。一旦事情发生，日后可能会产生很多问题。对于一些女生来说，与男友分手了，自己失去了贞操，很容易造成抑郁的心理障碍，甚至自杀。同时，也有不少男生想对女友负责，但自身条件达不到，而出现自责、愧疚，或自卑的心理焦虑状况。

性与恋爱和婚姻往往是联系在一起的，如果把性看作是一件很随便的事情，那么婚姻的神圣感就会降低，继而可能会发生婚姻忠诚度瓦解、婚姻冲突等方面的问题。

此外，如果没有正确的避孕知识，女生就很容易成为"人流大军"中的一员，而"人流"也并不像广告里说得那么轻松，这对女性来说，是对身体伤害很大的手术，不仅术中可能出现子宫穿孔等问题，术后也会有长期的隐患，譬如可能会出现宫颈炎、盆腔炎等妇科疾病，重复流产 4 次以上有 92% 的概率患上继发性不孕症。

"性"对大学生来说是避不开的话题，不需要谈"性"色变，也不能随意谈之，对待"性"的态度是否严肃，决定了我们是不是对对方负责，是不是对自己负责。作为新时代的大学生，我们可以多从科学健康的角度接触这个敏感的话题，让自己对性有更多更正确的了解，从而避免做出不成熟、不负责任的行为。

零遗憾忠告：

不要避开"性"这个话题，我们需要做的是用科学健康和成熟的心态去直面这个敏感的话题。选择恋爱对象的时候要用心，面对"性"的时候要有责任心。记住，有时候一时冲动，会造成一生无法抹去的污点，正所谓"一失足成千古恨"，不要因为自己不成熟的选择让我们的青春失去了原本应该有的光彩。不要避开"性"这个话题，我们需要做的是用科学健康和成熟的心态去直面这个敏感的话题。选择恋爱对象的时候要用心，面对"性"的时候要有责任心。记住，有时候一时冲动，会造成一生无法抹去的污点，正所谓"一失足成千古恨"，不要因为自己不成熟的选择让我们的青春失去了原本应该有的光彩。

失恋不是世界末日

近年来，大学生自杀事件频发，调查发现，其中大部分都是因为恋爱受挫，平均五个大学生自杀者中就有一个是因为失恋。据广东某师范院校心理辅导中心介绍，来中心咨询的人群中，有八成是遭遇到了感情困难，其中"追求被拒"和"失恋"占很大一部分。

另外根据该中心的统计，去年在该校发生了五起"试图跳楼自杀"事件，后均被成功解救。五起事件的主角均为在校学生，原因都是感情问题。由此可见，失恋已经成为影响大学生心理健康的非常严重的问题之一。

在大学校园，我们经常可以看到因为失恋而颓废失意的人，他们曾经爱过，有的轰轰烈烈，有的平平淡淡，到头来都是一场空，只留下一个人独自伤心失落。失恋对于爱过的人来说几乎是一次灾难，它让一些人无心学习和工作，甚至连生活的勇气也不复存在。这样的负面情绪如果不及时排解，积压太多就容易导致前面所说的这种新闻出现。

爱情是美好的，也正因为它的美好，失去之后才会让我们感觉放不下。然而，很多时候新的旅程要比曾经更幸福。失恋并不是世界末日，跌倒了就要爬起来。

那么，失恋的我们应该如何尽快走出曾经的回忆，放下失落的负面情绪，开始新阶段的生活呢？

第一，要树立正确的爱情观。真正的爱情不是相互的依附，也不是一时冲动的追求，而是双方独立平等的交往，并且双方志同道合，有共同经营幸福的觉悟。有了正确的爱情观，当失去一份爱情时，我们也不会太过纠结，并且能尽早摆脱低落的情绪，寻找真正的幸福。

第二，失恋之后要面对现实，不要再对已经失去的抱有幻想。不少人失恋之后都会想方设法挽回，其实这是一种不敢面对现实的表现。爱情是双向的，也是相互的，任何一方失去了真心，恋爱就宣告结束了。失恋之后，就算其中一方爱得再深，也不现实了，我们应该理智地认清这一点，这样才能从自己的幻想中走出来，早日接受真实的新生活。

有句话说得好：一味地沉浸在回忆中，只会让我们更痛苦。大学生失恋之后如果一直沉浸在负面的情绪里，不仅自己很难走出失恋阴影，也会让身边的朋友和家人跟着痛苦。因此，我们要及早认清事实，面对真实生活，这是走出失恋的重要一步。

第三，处理好爱情与学业的关系。大学生尚处于学习阶段，身份是学生，学习应该占据着主要地位。恋爱能让我们拥有更多的自信和动力，但也不能影响到学习。如果我们把爱情放在大学生活的第一位，那么爱情就会像一朵生活在温室中的花，很容易就枯萎，不会长久。

第四，适当进行情感宣泄。人不是冷血动物，很多时候都会有感性的一面。失恋的时候，我们会产生很多负面情绪，这时就要学会调节，找到一种适当的宣泄方法能很好地释放情绪，放松心情。

（1）大哭一场。不要认为流泪是软弱的表现。有研究表明，眼泪能把有机体在应激反应过程中产生的某种毒素排出去，人在伤心的时候大哭一场能使情绪平复。

（2）运动。大量的体育运动有助于释放情绪，并带来能量。失恋时，在操场上跑上几圈，或者约上几个好友打打球、健健身，相信能收到不错的效果。

（3）找人倾诉。倾诉是一种缓解压力、释放情绪的好方法，我们可以找信任的长辈，或者交好的朋友诉说自己的烦恼，如果感觉心中负面的情绪积压太多，还可以找心理咨询师排解。

此外，我们还可以通过寻找一些感兴趣的事情来转移注意力。找到适当的情感宣泄方法，能帮助我们释放不良情绪，放松心情，早日走出失恋的阴霾。

第五，选择新环境，拥有新的心情。对很多人来说，之所以很难走出失恋的阴影，是因为生活的各方面都与曾经的恋人有千丝万缕的联系，难免触景伤情。因此，我们可以选择一个新的环境，去逛逛街、旅旅游，让自己拥有一个新的好心情。

第六，让失恋成为我们走向成熟的一次课程。恋爱是生活的重要组成部分，但不是生活的全部，生活的各方面都有它的精彩。我们要把失恋看作人生的一次课程，它让我们成长，让我们更加成熟，更有勇气面对以后生活和情感的挫折。我们应该尽早投入学习或者工作中，创造新的美好。

零遗憾忠告：

失恋并不完全是一个贬义词，它有着独特的褒义成分。失恋不是世界末日，不要让负面的情绪围绕自己和身边的人，跌倒了就爬起来，让失恋成为人生旅途中的一堂课，一堂让我们日趋成熟、更有勇气的课。

走出毕业即分手的"怪圈"

在一些大学生眼里，毕业就意味着失业，这是由于近年来严峻的就业形势不容乐观。如今，另一种说法也开始在毕业季出现，那就是毕业就意味着分手。

小袁是本市一所高校的应届毕业生，与女朋友是同年级的同学。毕业之后，两人在工作单位附近租了一套一居室，租期半年。刚开始，两人延续着校园里的恋爱模式，经常看电影、压马路、逛街，但慢慢地，随着生活习惯和工作时间安排等的差异，两人间的问题开始显现出来。

小袁表示，自己希望周末能在家休息，自己做饭，合理用钱，但女友一到周末就想出去玩，而且喜欢网购。两个人纵然月薪加起来过万也依然入不敷出，争吵也开始爆发。

小袁说，自己现在对感情已经完全倦怠，不想回家，经常找各种机会溜出去玩，寄宿同学家。他也想过一走了之，终止这段感情，但考虑到直接搬走要牺牲一大笔租金和租房押金，另行找房还得花钱，就只好与女友"貌合神离"地过着。他不知道这样的日子要熬到什么时候。

类似小袁这样的大学情侣并不在少数，抵不住恋爱的美好，一些大学生开始投身到爱情中，采摘青春恋爱的甜蜜果实。大学生活有了爱情的调剂，显得更加缤纷多彩。然而，经历了几年的大学恋爱时光，面对即将到来的毕业，很多人却选择了分手，对这段大学的爱情说"拜拜"。

曾有人随机调查了北京大学、北京师范大学等高校的 50 余名有校园爱情的毕业生后发现，超过一半的大学情侣在毕业后的一个月内分手了，其原因包括异地工作以及互相无法忍受巨大的生活习惯差异。有人戏称"如今毕业流行劳燕分飞"，大学情侣毕业分手率高达 80% 以上。

为什么大学时期恋爱的甜蜜抵不过毕业的考验呢？长期关注大学生心理健康问题的一些专家认为，由于现在一些父母对大学生娇生惯养，一些毕业生遭遇生活危机时的应对能力不足便显现出来，情感危机的现象也较过去更加普遍。

其实，除了我们对生活危机和情感危机应对能力不强外，造成毕业季就是分手季的原因还有很多。

第一，恋爱的心态不端正。一些人在大学期间恋爱并不是真的找到了钟爱的对象，而是为了赶大学恋爱的"风潮"。在大学期间一边学习生活，一边恋爱交往，既丰富了整个大学生活，又排解了孤独寂寞。这样不端正的恋爱心态容易导致毕业分手的结局。因为在有这样心态的人看来，恋爱一开始就只是大学时代的调味剂，大学结束，也就意味着恋爱结束了。

第二，没有制定共同奋斗的目标。大学毕业之后劳燕分飞，其中很大一部分原因就是大学情侣对未来没有共同的规划。如果没有共同的奋斗目标，两人没有为未来打算，那么恋爱就很容易经受不住时间的考验，以失败告终。

第三，不懂得生活相处之道。相对于毕业之后的生活来说，大学生活可谓是无忧无虑。大学情侣平时上课学习，时常在一起约会，这样的交往给彼此留了一定的空间和距离，双方很多缺点都没有显露出现，毕业之后，如果两个人生活在一起，那么恋爱就会从大学时期的浪漫变成平淡生活的柴米油盐，双方的缺点也会逐渐显露出来，此时如果不懂得包容与体谅，很容易出现争吵纠纷，那样这段恋情也不会长久。

以上这些原因导致了毕业就分手的怪圈产生，也让很多大学情侣对自己拥有的这份感情产生了疑问。其实，只要我们正视大学恋爱的问题，在毕业季这个过渡阶段调整好心态，处理好学习、工作、生活与恋爱的关系，那么，我们就能走出这个怪圈，延续大学时期浪漫美丽的爱情。

走出这个怪圈的方法很多，下面简要介绍一下。

　　首先，大学期间的恋爱不能儿戏，要端正恋爱的态度，从一开始就用真心，这样爱情的小苗才能长成大树。恋爱就如同树上鲜美的果实，身边很多人都去采摘，一些人也跟随潮流去采摘，这样得来的爱情不成熟，也容易夭折。大学生恋爱不要跟风，不能宁滥勿缺，要选择真正心仪的对象。这样才会用心去经营这份感情，即使面临毕业，也不会轻易放开自己的幸福。

　　其次，恋爱双方要共同为未来画好蓝图，并在互相扶持中进步。如果两个人的价值观和目标不同，那么离开校园之后拿什么来维持感情呢？大学情侣想要走出毕业分手的怪圈，就要有两人一起为未来奋斗的决心。这样，即使毕业之后身处两地，也能为两个人的幸福和未来维系在一起。

　　最后，在生活中要学会包容和体谅，这是幸福生活必备的元素。如今的很多大学生在父母身边是中心，容易形成以自我为中心的心态，用这种心态经营一份爱情是不行的，必须要懂得换位思考，这样才能减少摩擦，让两人的爱情保鲜。

零遗憾忠告：

　　毕业就意味着分手，这句话不是绝对的，真正经得起考验的爱情是不会因为毕业或者其他任何原因而宣告结束的。我们要端正对大学爱情的态度，用心经营从大学延续而来的爱情，一旦生活出现分歧，两人要平心静气，协商解决，要学会包容与体谅。

第六章

好习惯成人，坏习惯毁人

　　有人说，习惯形成性格，性格决定命运。如果我们将这句话简化，就能得到一个结论：习惯决定命运。大学生正处在"学校"与"社会"的人生节点上，此时养成的习惯对我们以后的发展起着至关重要的作用。在大学里，我们种下懒惰的种子，以后也会陷入懒惰的麻烦当中。养成好的习惯后步入社会，我们将会受益匪浅。

勤快人到哪儿都受欢迎

　　如今，"90 后"成了大学生这个群体的主要组成部分，而这其中很多人都是家中独子，从小备受宠爱，生活的方方面面都被家人照顾得很妥帖，很少需要自己去解决问题。正是这样的生活背景让一些人失去了勤快做事的主动性，但勤快的品质却是我们在未来的工作中不可缺少的一部分，它能让我们受到赏识，因为勤快人到哪儿都受欢迎。

　　这里所说的勤快并不是要我们不知疲倦地蛮干，而是勤动手的同时，也要勤动脑，在很多时候，后者甚至更重要。

　　曾经看到过一个故事，说的是一个女毕业生在职场上的事。

　　在公司工作半年多之后，女毕业生觉得这并不是自己想要的工作，于是向上司递交了辞职报告。上司接到辞职报告之后，并没有立即批准，而是找她谈了一次话。

上司笑着问她："你帮我贴发票报销应该有半年了吧？通过这件事儿，你总结出了一些什么信息？"

她呆呆想了半天，回答说："贴发票就是贴发票，只要财务上不出错，不就行了，能有什么信息？"

上司笑了笑，说："我跟你讲讲当年的我吧。1998 年，我从财务部门被调到了总经理办公室，担任总经理助理一职。其中有一项工作，就是跟你现在做的一样，帮总经理报销他所有的票据。本来以为这个工作就像你刚才说的，把票据贴好，然后完成财务上的流程，就可以了。事实上，票据是一种数据记录，它记录了和总经理乃至整个公司营运有关的费用情况。看起来没有意义的一堆数据，其实涉及了公司各方面的经营和运作。于是我建立了一个表格，将总经理在我这里报销的所有票据按照时间、数额、消费场所、联系人、电话等分类记录下来。刚开始我建立这个表格的目的很简单，就是想在财务上有据可循，另外万一我的上司有情况来询问我的时候，我能有准确的数据告诉他。一段时间之后，我发现，一些上级在商务活动中是有规律的，比如，总经理的公共关系常规和非常规的处理方式。哪一类的商务活动，经常在什么样的场合，费用预算大概是多少，等等。熟悉了这些规律，我的工作更加得心应手。后来我的上司发现，他布置给我的工作，我都能完成得很妥帖，甚至有一些信息他没有告诉我，我也能及时准确处理。他问我为什么，我告诉了他我的工作方法。渐渐的，上司开始交代我更多重要的工作，我们也形成了一种工作默契。我升职的时候，他曾说我是他用过的最好的助理。"

听完上司的这一大段话，女毕业生愣了很久。

上司又跟她说："你之所以没有找到工作的感觉，是因为工作的时候没有用心思考，只是机械地完成了工作范畴之内的事情。如果能用心发现工作中的规律就能取得更大的进步，成为一个聪明的勤快人。"

最终女毕业生收回了辞职报告。

通过这个故事，我们不难看出，勤快不仅是一种处事风格，更是工作中获得突破的金钥匙。要想成为工作中受欢迎的勤快人，就要养成勤快的好习惯，而大学则是习惯养成的一大平台。

当代的勤快人，要懂得动手与动脑相结合，这样才能更好地完成工作。一位刚毕业的男生进入职场开始工作，大学期间他很爱学习，有很好的理论基础。踏上工作岗位之后，他依然保持着学习的习惯，每天挤出时间来看书，研读专业领域的知识。

爱学习本是一件好事，但如果只会纸上谈兵就不好了。在工作的过程中，他对事情总是能躲则躲，总想着要省下时间多读书，这就导致了理论基础扎实的他缺乏实践，工作能力不强，思维也变得越来越狭隘，最终被企业辞退了。

要做聪明的勤快人，就要在学会思考之后，将思考的成果运用于实践，这样才能创造真正的价值，让自己在工作中的地位获得提升。

　　勤快人在哪里都受欢迎。大学期间如果我们能养成这样的习惯，让自己的生活学习态度变得更加积极，那么在与同学和老师的交往中会更受欢迎，或许还会意外收获令人惊喜的机会。在一次电台的招聘中，勤快成了最基本的要求，这是因为应聘者的学历和各方面条件相当，所以电台重点放到了应聘者的品质上。电视工作有很强的实践性，应届毕业生想要从事电视媒体工作，一定得踏踏实实地勤奋工作，谦虚好学。招聘者在对比了应聘者的各方面资料之后，最终聘用了他们认为最勤奋、最肯干的人。

　　不要认为偷懒的人聪明，要知道，很多时候我们偷了懒，那么别人就会偷走我们的机会。所以，作为大学生的我们，不要一心想着安逸的学习和生活，而是要懂得用积极的心态去面对周遭的人和事。凡事勤快一点，那么我们失去的就会少一点，得到的会更多一点。

零遗憾忠告：

　　养成"三勤"习惯——手勤、脚勤、脑勤。有了勤快的习惯，我们在学习上能获得更多知识，在其他方面也能得到更多宝贵的实践经验。对正在实习阶段和即将走入实习岗位的同学来说，勤快的习惯会让我们在不经意间受到赏识，进而可能得到满意的工作机会。有人说，人分四种：聪明的懒人、聪明的勤快人、愚笨的懒人和愚笨的勤快人。聪明的懒人用脑不用手，聪明的勤快人会用脑也会用手，愚笨的懒人只能按照别人的吩咐做事，愚笨的勤快人只会做不会想。我们当然要做聪明的勤快人，因为只有这种人才知道什么时候该做，什么时候该停，也只有这种人才更容易成功。

小气之人难受待见

　　有一种人，每次跟人一块儿出去吃饭，总是同伴出钱，乘车、看电影等也是同伴出钱，自己总是躲得远远的；从不把自己的东西借给别人，唯恐人家不还他；本来可以助人，却不帮人一把，说话做事斤斤计较，这样的人就是我们常说的小气人。这种人，朋友都会慢慢地离他而去。

　　在平时的交往过程中，小气的人会被排除在众多交际圈外，难以受到他人的尊重。无论是身处校园的我们，还是在社会中的人，都不能总以自我为中心，太过自私最终只能众叛亲离。

小气的人不受人待见，所以我们要尽量做到大方，而这里所说的大方表现在很多方面。除了生活中一些事物的处理，心理上也要做到大度和豁达。这样在面对很多事情的时候才能做到真正的释怀。

那么，应该如何培养这种豁达的心态和大方处事的能力呢？具体方法如下：

第一，做到乐于分享。予人玫瑰，手留余香。分享不会让自己有所损失，相反，在分享的过程中会有更多意想不到的收获。

分享的内容可以包括知识、信息、快乐和荣耀等。不要藏掖知识和信息，这会让人觉得我们城府深，自私爱算计，应该在必要的时候大方地跟身边的人分享知识和信息，这样可以让更多的人了解我们，或许还能从别人那里得到其他的知识和有用的信息。这样的分享可以为我们积累人脉资源、拓展信息渠道，无论是对当下的学习还是以后的就业都有帮助。另外，分享荣耀也是一种提升自我价值的方法，能让我们给人留下谦虚的印象，获得尊重。

第二，乐于助人，让自己和他人的生活更加轻松。一些吝啬的人在与朋友的交往中非常自私，出行游玩总是要别人出钱，自己从来不掏腰包，东西也从来不外借，唯恐被弄坏或者不归还，这种人虽然能在生活中占到一点小便宜，但是却失去了他人的尊重和轻松的生活方式。

小气的人总是害怕自己有所损失，这样患得患失又怎么会有好的生活心态和真心的朋友呢？

要想轻松生活，就要尽量做个大方的人，能帮助人的时候尽量帮助别人，这样在帮助别人的同时，自己也能得到心灵上的满足，而且帮助别人还能帮我们拓展人脉。当我们有一天需要他人帮助的时候，才能得到别人的援手。

第三，学会宽容与谅解。即使在校园这个相对单纯的环境中，我们也难免会与周围的人产生摩擦，矛盾在所难免。人都有脾气，尤其是在我们这个锋芒毕露的年纪，遇到气愤的事情很容易激动，如果不顾后果，就会造成更严重的后果。大度的人遇事不会钻牛角尖，而是懂得换位思考。站在对方的立场上看待问题，我们的想法和感受就会不一样了，也更容易和解。

当与人发生矛盾时，要注意冷静，并且用宽容的心态看待事情，也不要长久地纠结一件小事，这会让我们看不到很多美丽的风景。

第四，有主人翁的意识，懂得承担责任。一位成功的企业家回母校参观，同时去拜访曾经深刻地影响过他的老师。这位老师桃李满天下。大学时期，该企业家并不十分出众，因此他以为老师早已不记得自己了。谁知，老师却对他当年在学校的表现印象深刻。对于他的成功，老师一点都不感到意外，甚至觉得是必然的。

　　这位企业家当年在大学里组织过两次活动，第一次由于对活动的开展不熟悉，最终活动没有举行成功。因为怕老师责怪，团队中的同学都十分沮丧，但企业家却主动跟老师承认了错误，表示活动未成功是自己组织不力导致的，并希望再获得一次机会。

　　老师看到他的态度十分积极，把第二次活动又交给他组织。这次该企业家带着团队把活动开展得有声有色，还获得了学校的表扬。老师表示要给作为队长的企业家奖励。但这次，企业家却表示活动的成功是团队共同努力的结果，恳求老师将活动的奖金分给队友们。正是这件事情，让老师在年轻的企业家身上看到了一个团队领导者的责任心，所以对于企业家的成功，老师当然觉得意料之中。

164

零遗憾忠告：

　　为人处事不小气，心胸豁达，也是一种很好的习惯，而这种好习惯，作为大学生的我们应该要及时培养起来，这样才能提升自己在生活圈中的价值，也能让我们用开朗的心态面对以后即将到来的工作。如果我们列出事业成功的重要因素，那么宽容的心和大度的胸怀将会名列其中。慷慨大度的人会乐于分享自己的所有和所得，并乐于奉献自己，这看似让人失去了很多，但事实上却让我们赢得了信任和尊重。

年轻也没有挥霍健康的资本

众多资料显示，如今亚健康已经成为一个社会问题，亚健康人群也正趋于年轻化，这说明越来越多的年轻人开始出现这样或那样的健康问题，有的虽然尚未引发严重疾病，但已经存在很大隐患。这样的现状说明，现在很多年轻人，虽然处于二十岁左右的年纪，身体却已经加速衰老。

对大学校园中的学子来说，各种岁月累积形成的疾病似乎离我们很遥远，因此，在决定自己生活方式的时候，一些人总是以快乐为前提，很少会考虑到健康这个方面。

时尚的理念在各个方面影响着人们，正处在青春活跃阶段的我们，对于时尚的事物总是兴趣十足。如今各种时尚的娱乐活动越来越多，我们课余的生活也越发丰富起来。在享受五光十色的大学生活时，只有快乐和激情被很多人重视。

事实上，我们挥霍青春、不重视健康将会导致严重的后果。现在我们还年轻，这种后果也许不会这么快显现出来，但等我们到了中年，健康问题可能就会成为我们生活中最大的苦恼。

很多人年轻时为了工作或者创一番事业，不惜每天加班加点，生活和饮食都没有规律，最终积劳成疾；还有一些人饮酒、吸烟、打牌、上网，有着诸多不良嗜好，完全不顾及身体，即使有人提醒要多注意身体，也满不在乎，认为自己年轻，身体好。要知道，当我们挥霍健康的时候，疾病的阴影正在悄然笼罩着我们的身体，等到它张开血盆大口来吞噬我们的时候，后悔也晚了。

记得刚参加工作的那两年，我非常着迷于电脑和网络，经常会在晚上琢磨一些软件和网络信息，熬夜成了常有的事情，有时候通宵达旦也不能尽兴。刚开始，每次熬夜之后第二天精神仍然很好，不觉得对身体有什么消耗。于是，仗着年轻，我更加肆无忌惮，生活毫无规律可言。

但最近几年，我明显感觉到精力不够了。熬夜之后第二天都会头昏脑涨，精神不振，身体会非常不舒服，身体素质也有所下降。我自己很清楚这是生活不规律造成的，所幸还没有引发什么大毛病。出于健康考虑，我开始调整自己的生活习惯，让生活变得健康有序。一段时间下来，感觉非常不错。但有些头痛、眼干的毛病，由于早年没有注意，现在调整生活习惯也只能治标不能治本了。如果能早些警觉，早些在意，那么就不会有这些问题了。

也许有同学会说，我不分昼夜地学习和工作是为了更好地进步，让自己有个美好的未来。这样的理由听起来无懈可击，然而却是一种"捡芝麻丢西瓜"的错误做法。美好的未来不应该用健康作为代价，失去了健康，就是我们再成功，也不会感到幸福和快乐。努力学习是必要的，但是要学会劳逸结合，这样才能在不断进步的同时拥有一个健康的好身体。

　　养成良好的生活习惯是拥有一个好身体的基础，大学是我们养成好习惯的一个好时期，也是我们从学校走向社会的过渡阶段，这个时期的生活习惯将直接延伸到以后的生活中。

　　良好的生活习惯包括规律健康的饮食习惯，民以食为天，这是最基础的。一日三餐要按时，既不能暴饮暴食，也不要随便对付一顿，这样非常伤胃，也容易出现营养过剩或者营养不良现象。现在很多大学生都有或轻或重的胃病，这正是不良饮食习惯引起的。

　　曾经有一个女大学生告诉我，她们寝室每个月都会去买一大箱方便面，饿的时候就吃泡面，非常省事。这种只图省事，不顾营养和健康的做法，可能在将来出现一系列的大麻烦。

　　作息规律也是我们要养成的一种良好的生活习惯。熬夜和通宵对于年轻的我们来说似乎"小菜一碟"，有的人即使连续几天通宵游戏也不会觉得累。然而熬夜、通宵的我们正在透支着自己的健康。合理安排作息时间，才能让我们始终保持精神抖擞，精力充沛地面对每天的学习和生活；劳逸结合才能在学习进步的同时让自己得到放松。

　　当然，要有好的生活习惯还要杜绝不良嗜好。自从网络游戏兴起以来，不少年轻人沦陷于此，不惜投入大量的时间、精力和金钱到网络游戏中，逐渐染上了难以戒除的网瘾，整日沉迷其中，精神萎靡，失去了生活的追求和原本积极的学习态度。还有的人年纪轻轻就有很大的烟瘾，慢慢地掏空了自己的身体。

这些不良习惯会让我们的生活甚至是以后的人生都蒙上一层厚厚的灰，只有杜绝它们才能让我们的青春阳光灿烂。

另外，从现在开始我们就要有维护健康的意识，可以从保健的角度出发，在年轻的时候就开始给身体做保养，例如适当锻炼等。这样就能为健康加分，更能在以后的生活中受益。

零遗憾忠告：

人生最不能挥霍的是什么？对于这个问题，可能每个人都有不同的答案，而我的答案是，人生最不能挥霍的就是健康。要保持健康的身体，就要养成良好的生活习惯，一旦出现疾病，健康就会显得千金难求了。心态可以保持年轻，青春不能肆意挥霍；快乐可以超前消费，健康不能提前透支。善待自己，才能关爱别人；珍惜自己，才能成就事业。健康不是一种可以挥霍的资本，而是我们应该去呵护的基本元素。失去了健康，那么可能也就没有幸福可言了。

多走一步，离目标就更近一步

刚进入大二的小简非常苦恼，因为他没有办法让自己始终保持积极的学习态度。每次受到老师和同学的鼓励之后他都会热血沸腾，下定决心要改变自己用心学习，但这种积极的学习态度最多只能持续几天。这样的恶性循环让小简对自己都逐渐失去了信心，甚至因为心情低落迷上了网游。虽然知道迷恋网络游戏对学习更不利，也很想走出来，可面对游戏的诱惑，他总是将游戏删除了又安装，安装了又删除。

小简就是典型的缺乏毅力和自制力，所以才只能任由负面的情绪影响着自己，难以改变。其实，无论是学习还是工作，很多时候只要我们在想要放弃的时候督促自己努力再往前多走一步，就可能会出现不同的情况，转机也可能会随之而来。

在处理事情的时候要有恒心和毅力，当事情发展不顺利的时候我们要淡定，不能就此退缩。毅力不是与生俱来的，而是靠自己通过磨砺和锻炼得到的。那如何培养自己的毅力呢？对大学校园中的我们来说，现在就是培养这种能力最好的时机。具体来说，可以从以下几个方面进行。

第一，对要做的事情有坚定的信心，这样才能产生毅力。事情的成败往往取决于我们对待事情的态度和积极性，要想最终达到目的，最基本的就是要有完成任务的坚定信心和强烈愿望。当我们满怀信心奋斗的时候，面前的困难也会更容易克服，正所谓"舍得一身剐，敢把皇帝拉下马"。想培养自身的毅力，就要在面对事情的时候充满信心，要成功就要有强烈的成功愿望，要发财就要有强烈的财富愿望，这样才有动力。

第二，明确目标，不左右摇摆。目标是我们前进的方向，也是最终的目的地，有了明确的目标才不至于迷失方向。有些人虽然有了强烈的财富和成功愿望，但缺乏明确的目标。这样，无论在思想上还是在行动上都不能集中，工作效率就会低下。久而久之，我们就很容易丧失毅力和信心。明确目标，能使我们毅力大增，因为目标将会吸引着我们前进。

第三，制订科学可行的计划。如果说目标是目的地，那么一份完美的计划就是一张指引我们的地图。有了计划，我们就不会被目标的远大而吓倒，只要按照科学的计划一步一步前进，最终一定能达成愿望。关于计划的重要性，有一个著名的故事可以说明，那就是日本马拉松选手山田本一的故事。

1984年，在东京国际马拉松邀请赛中，名不见经传的日本选手山田本一出人意料地夺得了世界冠军。

当记者问他凭什么取得如此惊人的成绩时，他淡淡地说道："凭借智慧战胜对手。"

当时，许多人都认为这个偶然跑到前面的矮个子选手是在故弄玄虚。马拉松赛是需要体力和耐力的运动，只要身体素质好又有耐力就有机会夺冠，爆发力和速度都还在其次，说用智慧取胜确实太过勉强。

1987年，意大利国际马拉松邀请赛在意大利北部城市米兰举行，山田本一代表日本参加比赛。这一次，他又获得了世界冠军。

记者又请他谈经验。

山田本一性情木讷，不善言谈，回答仍是上次那句话："凭借智慧战胜对手。"这回记者在报纸上没再挖苦他，但对他所谓的智慧迷惑不解。

10年后，这个谜终于被解开了。

他在自传中说："每次比赛之前，我都要去现场把比赛的线路仔细看一遍，并把沿途比较醒目的标志画下来。比如第一处标志是一家银行；第二处标志是一棵大树；第三处标志是一座红房子……这样一直画到赛程的终点。比赛开始后，我就奋力地朝第一个目标冲去，等到达第一个目标后，我又以同样的速度朝第二个目标冲去。40多公里的赛程，就被我分解成这么几个小目标轻松地跑完了。起初，我并不懂这些道理，我把我的目标定在40多公里外终点线上的那面旗帜，结果我跑了十几公里时就疲惫不堪了，我被前面那段遥远的路程给吓倒了。"

在现实中，一些人做事之所以会半途而废，往往不是因为难度较大，而是觉得成功离我们较远。

第四，付诸行动。当然，制订计划还只是纸上谈兵，要想完成任务，实干最重要，所以将一切付诸行动是很关键的。行动将缩短我们与目标之间的距离，多走一步，就会多一分成功的机会，有了这样的心态，我们离成功就不远了。

第五，克服消极心态，提高自制能力。前面提到的小简就是因为缺乏自制力，才一次次地失败，一直都战胜不了心魔，导致了消极态度的产生。要克服消极心态，与志同道合的朋友结成同盟，互相鼓励，激发完成目标的热情，让自己有足够的毅力实现目标。

零遗憾忠告：

　　成功要有目标，有行动，还要有毅力，三者缺一不可。经常会听到人们说，要多走几条路，多用几个方法，不要在一棵树上吊死。这似乎是聪明人的做法，然而有的时候，我们就是要做"愚笨的人"。当我们习惯凡事多走一步，多看一步的时候，有毅力也就成为一种自然而然的习惯。有了毅力，我们将会比别人站得更高、看得更远。

要追求卓越，那就别做"差不多"先生

我是一个爱读书的人，尤其喜欢历史上一些名人写的比较有新意的文章。在我读过的众多文章中，有一篇虽然篇幅不长，但充满讽刺，并寓意深远，那就是胡适先生在《申报》上发表过的一篇杂文《差不多先生传》。书中开头写道："中国最有名的人，人人皆晓，处处闻名。他姓差，名不多，是各省各县各村人氏，你一定见过他，一定听过别人谈起他，因为他是全中国人的代表。"

杂文中的差不多先生认为，白糖与红糖差不多，陕西与山西差不多，就连自己得了重病，家人找错了医生，请了牛医，也认为牛医与人医差不多，死前还说："活人与死人差不多，事情只要差不多就好了，不要太精确。"刚开始读时，我觉得差不多先生就是一个可笑的人，这篇文章也只是胡适先生的诙谐之作，后来仔细品味才发现，我的这种想法太肤浅了。

胡适先生写这篇文章有着其独特的历史背景，也有着更深的寓意，是希望大家不要成为差不多先生这样的人。然而即使在当下，差不多先生也比比皆是，甚至在我们自己身上也能看到差不多先生的影子。

仔细想想，我们是不是曾经写过错别字，却认为只要能差不多看懂意思就行了？我们是不是曾经上课或者约会迟到，却觉得只差几分钟，没什么大不了？是不是在完成课题的时候只要求达到要求，而不是精益求精？

生活中还有很多这样的例子，如果面对学习和生活，我们始终抱着差不多就行了的标准，那么很多原本可以做得更好的事情，也会完成得很平庸。差不多其实是差很多。我们不妨想想，打仗时部队潜伏在敌人后方，准备发动袭击，如果有个人动一下，如咳嗽一声或蜷曲一下腿，就可能会造成全军覆没；发射卫星时，如果某位科学家计算错一位数，却认为差不多而不纠正，那么卫星就会发射失败，造成巨大损失！

胡适先生说："差不多先生一生不肯认真，不肯算账，不肯计较，真是一位有德行的人，于是大家给他取个死后的法号，叫圆通大师，无数无数的人都以他为榜样，于是人人都成了一个差不多先生。"

令人惊骇的不仅是差不多先生的愚昧，更可笑的是旁人还接受如此荒谬的存在方式，并都向其学习。这种病态的处世哲学不禁让我想起鲁迅笔下的阿Q，看似精神胜利法，实际暴露了一些人一些人恶劣的品性。

凡事做到差不多是一种病态的处事方式，我们不能生这种"病"，如果已经有症状，那就要及时医治，而最好的医治方法，就是养成凡事追求卓越、精益求精的好习惯。

李嘉诚先生说："胡适的'差不多先生'已变异为病毒，通过其散播，感染越来越多的人。病毒强烈的僵化力使脑筋本质聪敏的人思想停滞不前，神志昏沉，虚度其既漫无目的也无所期待的庸碌日子。'差不多'是一种折损人灵魂的病，它会令人闲散。要知道人的生命光辉是需要凭仗自我驰骋才能超越的，而我们的一生要执着地活出精神力量的华彩和血肉热切之心。"

零遗憾忠告：

我们应该随时警示自己，切莫凡事差不多，更不要成为"差不多"先生。做事情要处处求精，才能成功。从现在起，杜绝"差不多"的想法，如果在大学时期还没有这个意识，那么这种得过且过的心态就会持续到以后的工作中，会让我们吃大亏。

懒惰让机会"打水漂"

很多人都说大学男生宿舍脏，衣服不洗、卫生不搞。曾经有一位大学男生虽然愿意清洗自己的衣服，却在阳台上晾了三个月没收，直到小鸟都在上面筑巢了。这是引起热议的大学生懒惰的典型案例。

写到这里，我不禁想起了一些关于大学生校园生活"不能自理"的报道。

一天下午，74岁的周奶奶听到敲门声，打开门一看，原来是送包裹的快递员。周奶奶打开邮件一看，一脸无奈。这是刚上大学的孙女寄回来的，开学一个星期多，孙女寄回来一大包衣服和7双袜子让她帮着洗，还让奶奶洗完之后再给她邮寄回去。

因为儿子和媳妇工作很忙，没有时间照顾孩子，孙女是周奶奶一手带大的。她承认自己非常溺爱孩子，只想让孙女好好学习，任何家务都不让她操心。孙女的衣服从来没有自己洗过，以至于念大学的孙女什么家务都不会做。

现在很多家长都对孩子很溺爱，认为孩子不需要做家务，事实上，勤快点，不那么懒惰，让自己的生活质量更高一点，不是很好吗？

一件衣服晾挂在阳台上3个月，这样的懒惰确实不敢恭维。这种让人啼笑皆非现象的出现，有一部分原因要归结于家人的溺爱和不正确的教育方式，然而，还有另一个很重要的原因，那就是他们本身存在的惰性和不愿意改变原来生活方式的心态。

每年都有很大一批学子从中学进入大学，其中很多都是家里的"小皇帝""小公主"，而像"邮寄衣服给奶奶清洗"的事情却只是少数，为什么只有这少数人成了让人汗颜的"奇葩"？原因就是，这些"少数人"习惯了衣来伸手、饭来张口的生活，并且不打算改变。

每个人身上或多或少都有些惰性，但很多人会去克服这种惰性，用勤奋积极的态度去面对学习和生活。

在上面的案例中，懒惰还只是让自己缺乏在生活自理方面的能力。事实上，懒惰对我们的影响并不止于此，很多时候，懒惰会让我们失去宝贵的机会。

曾经有一个朋友跟我抱怨，说自己三年前想要研究一个新的课题，还申请为院级课题，本来打算一年结题，结果因为太懒散没有按时完成，后来不得已写了延期申请，可是现在时间又到了，还没开始动笔，真不知道怎么办才好了。

这样因为克服不了惰性而耽误事情的人有很多，譬如我自己。几年前我打算做一些心理方面的研究，而如果我能用心努力去研究，相信会有很大的突破和成功。但当初我只是想了想，并没有付诸行动。时至今日，网上已经有很多这样的文章了，即使我再去研究，也早已失去了新意，这全是惰性作祟的结果。

懒惰会让我们失去很多机会，而很多机会是一旦失去就再也抓不住的。不要等到失去了再后悔，从现在开始摆脱惰性的束缚，才能让我们在以后的人生路上减少遗憾。

零遗憾忠告:

如果遇到事情总是一味地躲避和拖延，并且给自己找各种借口，而不积极地去思考和解决，那么最后的结果可能就是失去机会，要记住，我们一时的懒惰很可能换来一世的遗憾。大学生要用心地、好好地生活，不要将懒惰进行到底。

第七章

完成从校园人
向社会人的过渡

　　走上工作岗位之前，我们都只是在校的学生。而作为一个校园人，我们的一些错误可以被原谅，因为学生身份是我们的"挡箭牌"，可一旦我们走入社会，学生身份就此消失，我们还能奢望别人给我们最大限度的谅解吗？大学生在走出校门之前，必须完成这两种身份的过渡，这样才能在复杂的社会当中做到游刃有余。

学会喜欢那些令你讨厌的人

　　每个人都有自己的憎恶，有的人爱恨分明，喜欢就是喜欢，讨厌就是讨厌，对前者会欢欣鼓舞地去接受，而对后者则会敬而远之。爱憎分明似乎是一种率直的表现，然而在当今社会，即使我们内心爱憎分明，也最好不要表现出来。

　　有的人会认为自己有权利去接触自己喜欢的人，排除自己讨厌的人。其实这是一种比较幼稚的想法，因为在这个鱼龙混杂的社会，我们面对很多事、很多人，即使我们不喜欢，甚至是相当厌恶，有时也必须面带笑容地去对待。虽然这看上去很虚伪，但现实社会就是如此，我们改变不了，只能去适应。

　　当然，这并不是要我们学会虚伪地去迎合别人，只是告诉我们在很多时候要学会圆滑地处理事情。

　　记得我大学毕业之后，找到了一份还不错的工作，每天都比较悠闲，工资虽然不算高，但也不低，可是我总觉得生活有很多不尽如人意的地方，因为我并不喜欢这份工作，但是对于喜欢的工作又没有机会和能力去做，心里很不安分。

这样的情绪就导致了很多消极的心态出现，让我觉得什么事情都不顺利，花在工作上的心思也越来越少。老板开始批评我不用心工作，一直都没有好的表现，而我得过且过，日子逐渐在指尖流逝。

一天，我去参加同学聚会，遇到了大学同学小田，但此时的小田跟大学刚毕业的时候判若两人，如今的他显得意气风发。

后来在聊天的过程中得知，他毕业之后一直没有换工作，现在已经是他们单位一个部门的副主管了。当问及为什么在不喜欢的工作岗位上也能做得这么出色时，他告诉我说，如果自己不努力，任何工作都不会令人满意。要想找到满意的工作，最好的办法就是学会爱上现在的工作，让不满意变得满意。

小田的话给了我很多启示，之后我开始把更多的心思投入工作中，并努力发现工作中的乐趣。不久之后，因为工作态度积极认真，我获得了上司的奖励，这让我有了更多信心。

其实，很多满意与不满意都是我们自己界定的，如果有意识地改变对某件事的认识，那么看待这件事的眼光和角度就会不一样，在工作中如此，与周围人的交往过程中也是如此。学会用欣赏的眼光去看待令我们讨厌的人，找到他们的闪光点，这样就可能慢慢地改变原来的想法。

下面是哈佛大学的一节公开课上的情景，授课的是哈佛大学著名的桑德尔教授。

那天，桑德尔教授拿出了一张白纸，然后在白纸上画了一个黑色的圆点。他问学生："你们看见了什么？"

学生回答："一个黑点。"

桑德尔教授说："你们只说对了一部分，纸中最大的部分是空白。我们很容易犯的一个错误就是，只见小，不见大，从而束缚了我们的心。另外，如果我们把这个黑点看成是人的缺点，它给我们最大的启示就是，有些人总喜欢盯着自己的缺点不放，从而使自己成为一个自卑而怯懦的人。"

"还有一些人习惯于盯着别人的缺点不放，从而使自己失去了世界上所有的朋友。而相反，如果你经常看到别人的优点，不计较别人的缺点，别人的心门将马上为你敞开，把你视为知己、挚友。"

如果我们只看到别人的缺点，那就算再优秀的人也会令人讨厌；如果我们学会看到别人的长处，也许曾经令我们讨厌的人也会让我们刮目相看。常记他人的"好"，你在他人眼里也就"好"。你要想别人怎样对待你，你就必须首先怎样对待别人。

美国前总统艾森豪·威尔刚开始工作的时候，他的上司是个坏脾气的老头，对下属不苟言笑，极其严厉，人人见到他都胆战心惊，生怕遭到他的批评、责骂。但让人意外的是，尽管艾森豪·威尔是个初出茅庐、毫无背景的新人，这位上司对他却相当友好，经常微笑着和他打招呼，甚至在午休期间，邀请艾森豪·威尔一起喝过咖啡。

同事们既羡慕又不解，问他："每个人都说我们的上司是最不好打交道的人，但他为什么对你这么好呢？"

艾森豪·威尔笑道："我每次和他见面，都想象他在冲着我微笑，然后我就对他报之以微笑。"

把别人想象成魔鬼，你遇到的当然是魔鬼；把别人想象成天使，你遇到的就是天使。在人际交往中，我们都需要找到一个平衡点，学会喜欢那些令我们讨厌的人，在我们对别人改观的同时，别人也在对我们改观。当我们学会喜欢他人的时候，才会受到他人的欢迎。

在大学这个过渡阶段，学会喜欢原本讨厌的人，能让我们在未来更好地适应现实社会，不至于莽莽撞撞，而且这也能帮助我们建立良好的人际关系，在工作和生活中更加得心应手。

零遗憾忠告：

我们已经是成年人，即将走入复杂的世界，率性而为虽然过瘾，却很容易让我们走进人际交往的死胡同。很多令我们讨厌的人对我们却很重要，甚至决定着我们未来的方向，所以要学会跟他们好好相处。首先我们要发现他们身上的闪光点，有的人看上去一无是处，事实上却有很多优点，我们不能从一开始就对一个人下定义，这样在以后的交往过程中就可能戴着有色眼镜看对方，这样就难以改观了。学会喜欢令我们讨厌的人，也会让原本讨厌我们的人改变态度，人际交往中，这是一种相互的平衡关系。

185

把困难当成人生的"磨刀石"

吴迪是个艰苦朴素、努力上进的好学生，她跟父母以及姥爷生活在一间不足14平方米的小屋里。母亲下岗，姥爷多病，仅靠父亲做临时工的收入支撑着整个家庭，家里经常入不敷出。但贫困的环境，改变不了吴迪对知识的向往和对读书的渴求。她说："除了书，没有什么东西是我一定要买的。"她经常从自己的伙食费中省钱，然后攒起来买书。看到吴迪对书爱不释手的样子，班主任老师张杰不止一次买来书籍送给吴迪，鼓励她考上大学，报效国家。

吴迪虽是一个性格内向的女孩，却对生活充满信心。她说："人生难免有坎坷，但对待每一件事情，只要有万分之一的希望，我都会做百分之二百的努力。只要把困难当成生活的磨刀石，培养出坚忍不拔、百折不挠的精神，我相信幸福之门永远会向每个人敞开。"

正是这种迎难而上的勇气让她不断努力学习，最终以优异的成绩考入了吉林大学。在接受记者采访时，吴迪说的第一句话就是"艰难困苦，玉汝于成"，这也是她这一段人生的真实写照。

人生都会遭遇挫折，这一点是相同的，但是每个人对待挫折的态度，则可能大不相同。当我们遇到困难时，有的人撞了南墙也不回头，有的人从此破罐子破摔，有的人则从哪儿跌倒就从哪儿爬起来，执着地朝着目标继续前进。而最终能到达成功彼岸的，无疑是最后一种人。

我们尚且年轻，还没有经历人生中的大起大落。虽然成功与失败的落差很大，但如果我们能在这种落差中恢复信心和动力，不断地在挫折中前进，那么当我们成功的时候就会发现，原来失败只不过是让我们变得更有韧性。

生活好比一面镜子，你对它笑，它也对你笑；你对它哭，它也对你哭。生活中的困难又何尝不是如此呢？所以我们应当笑对困难，感激困难。

很久以前看到的一个故事很好地诠释了这个真理，这个故事虽然很短，但是发人深省。

有一天某个农夫的一头驴子，不小心掉进了一口枯井里。农夫绞尽脑汁地想救出驴子，但几个小时过去了，还是没有想出好办法。农夫觉得这头驴子年纪大了，如果找人来救驴，费时费力，得不偿失，于是丢下井里的驴子走了。

驴孤零零地待在井里，很失落，并且这个时候还有人往井里倒垃圾，驴子很绝望，认为自己真倒霉，掉到了井里后，不仅主人不要他了，就连死也不让它死得舒服点，每天还有那么多垃圾扔在它旁边。

可是有一天，它的思维发生了转变，它决定改变自己的人生态度，它每天都把垃圾踩到自己的脚下，而不是被垃圾淹没，并从垃圾中找些残羹来维持自己的体能。终于有一天，它重新回到了地面上。

在生命的旅程中，有时候我们就如驴子一样，难免会陷入"枯井"里，会有各式各样的"垃圾"倾倒在我们身上，而从"枯井"脱困的秘诀就是：将"垃圾"抖落掉，然后站到上面去！

我们在生活中所遭遇的种种困难挫折就是压在我们身上的"垃圾"。换个角度看，它们也是一块块垫脚石，只要我们锲而不舍地将它们抖落掉，然后站上去，就可以把困难踩在脚下！

困难，最能磨炼人，增强人的才干，对人的性格有着特殊的锻炼价值。身处校园的我们有学生身份作为保护伞，然而进入大学也意味着我们即将进入竞争激烈的复杂社会，不能再蜗居在这个象牙塔中不敢面对现实了。我们要锻炼自己坚强的毅力和不畏惧困难的品质，这样才不至于在进入社会这个大熔炉之后被淘汰。

本杰明·富兰克林说："你有权决定自己对逆境的态度和自己的前途。"你可以屈服于环境，也可以改变环境，关键在于你对困难所抱持的态度。也许我们暂时改变不了环境，但至少可以改变自己，在面对学习和生活的时候更加积极。

孟子曰："天将降大任于斯人也，必先苦其心志，劳其筋骨，饿其体肤，空乏其身，行拂乱其所为，所以动心忍性，增益其所不能。"我们若想变成一把削铁如泥的宝刀，经历"磨刀石"的磨炼是必须的。

爱因斯坦说过："我要反复思考好几个月，虽然有 99 次结论是错误的，但是第 100 次我找到了正确的答案。"爱迪生对失败或挫折的看法是"失败也是我所需要的，它与成功一样对我具有价值"。踏着由挫折铺就的台阶，一步一个台阶地向目标努力，我们才能走向成功。

零遗憾忠告：

古话说"磨刀不误砍柴工"，那是因为刀磨得越锋利，砍柴的时候才会越有效率、越得心应手。我们遇到的困难就是人生中的"磨刀石"，它能让我们变得更加锋利，更好地迎接未来的种种挑战。失败是成功之母，这句话我们再熟悉不过了，然而要真正把困难当作人生的磨刀石，乐观面对一切，则需要我们为之努力，用积极的心态面对当下和未来的一切。

时常跟学长学姐们讨教点"工作心得"

　　毕业季，我们经常会有各种各样的感慨，既有即将离开学校的伤感，也有对未来生活的期待，但更多的可能是对未来的忐忑。从学生身份过渡到社会人士，我们可能都会有不安的感觉，这种感觉产生的根源就是我们没有做好充分的准备。

　　当这些迷茫的情绪出现时，我们不能退缩，而是要找到解决的办法，例如跟"前辈们"讨教一点经验和心得。

　　有一种人叫作"学习前辈"，我们可以多向这种人学习，为未来做准备；有一种话叫作"经验之谈"，多听这些话，能让我们少走很多弯路；有一种学习叫作"讨教"，抱着谦虚的心态，我们就能获得很多书本上没有的知识。

　　对于我们来说，最好的学习前辈就是那些学长学姐们，因为他们与我们有相似的学习过程和心路历程。而与我们相比，他们有着更多的工作经验，能帮助我们更好地认识即将面对的世界。

现在很多学校已经成立了"学长交流会"，给同学们创造了更多与学长学姐们交流工作心得的机会和平台，让我们可以了解到一些还没有经历的事情，还能帮助我们趋利避害，少走弯路。

英国是有名的教育大国，拥有众多名校，其中的牛津、剑桥更是世界顶尖的名校，吸引着世界各国的莘莘学子前去深造。为了满足各国优秀有潜力学生的需求，越来越多的高中开办了A-level班。但是作为英国高考的A-level项目在国内尚处于起步阶段，学生获得信息的渠道不开放，很多有潜力和志向进入世界顶尖名校的优秀学生因为没有及时得到指导而与名校擦肩而过。

张俊杰是英国留学生的精英代表，在高中就获得全国仅有2个名额的"汇丰银行英国德威公学全额奖学金"，并以优异的成绩考上英国剑桥大学三一学院，获得工程系本硕连读的机会。他经常利用留学时的经验积累，帮助正在为申请名校烦恼的学弟学妹们完成梦想。

有了这位学长的热情帮助，对于很多学生来说，离名校就更近一步了。

张俊杰说："我们曾经走过的路也是现在A-level在读学生

正在走的路，所以有些经验对于 A-level 学生来说弥足珍贵。国内很多 A-level 学生申请时都会寻求牛津、剑桥学长的帮助，如果能将这种学长帮助模式发展成系统、专业的特色项目，就能给这些同学更多自信，帮助他们离名校梦更近一步。"

有了学长学姐们的帮助，我们会有更多学习和工作的机会和空间，不断提高自己。

小陈在回忆实习的经历时说道："我大学临近毕业的时候，一直在学校里生活，为实习的事情而苦恼，心里很忐忑，不知道要以什么样的精神面貌面对第一份工作。为了调整自己的心态，我找到了当时关系比较好的学长，向其诉说苦恼，并向他讨教实习工作的经验。学长告诉我，实习之前很多同学都会跟我一样，有头脑一片空白的感觉，最重要的是自己要学会调整心态，用积极的面貌直面以后的工作和生活。在实习的过程中，我们更多的是把书本上的理论运用到实际中，这就要求我们更灵活地运用知识，有时候动脑比动手还要重要。除了心态方面的调整，学长还告诉我，实习其实也是一个学习的阶段，要怀揣一颗谦虚的心，不要太锋芒毕露，要处理好跟同事之间的关系，扩大自己的人际交往圈。另外，学长还教给了我很多实习工作时需要注意的细节，这让我对实习的过程有了一个初步的认识，也做好了一定的心理准备。事实证明，学长的经验之谈对我来说非常有用，让我在实习过程中有了一些参照，能更好地适应实习工作，并为以后的正式工作打好基础。"

当然，跟学长学姐们交流的过程中，我们要注意重心和主题，"讨教"就是为了让自己有所长进。所以，我们可以从以下几个方面来请教这些"前辈"，为自己以后工作做好更充分的准备。

第一，在校学习和工作方面的经验。在校园里培养的能力和素质会直接影响到我们今后的工作，所以大学时期，我们除了要把书本知识学好，还要有意识地发展自己各方面的能力，至于哪些能力更加重要和实用，我们就可以通过与学长学姐们的交流来判断了。此外，这些学长学姐们或许还会给我们提供一些重要的学习建议。

第二，实习方面的建议。实习是对我们大学在校期间所学知识的一次实践总结，也是我们走向正式工作岗位之前的一次实战演练，必须得到重视。那些实习期间三天打鱼两天晒网的人大多也不会有好的心态面对正式工作。在实习之前，我们可以通过与学长学姐们的交流，来选择实习的单位，同时还能讨教些实习过程中的经验，帮助自己趋利避害。

第三，找工作方面的建议。学长学姐们经历了求职的过程，知道其中的艰辛，也积累了一些经验。我们可以通过与学长学姐们交流学习一些求职的技巧。

零遗憾忠告:

　　谦虚的心态能让我们走得更远、站得更高。抱着谦虚的心态时常跟学长学姐们讨教一些工作经验，是一种提升自己的方式，而且通过交流能看到别人眼中看到过的东西，让自己未雨绸缪，可以少走很多弯路。因此不要浪费自己身边的学长学姐资源。别人的经验也可以成为我们的学习资源，而当别人的经验变成自己的经验时，我们在未来也能更快地适应工作，并取得好成绩。

193

实习：步入职场前的最后一场"彩排"

　　现在的用人单位对于文凭的重视程度没有以前那么高，而是更加注重应聘者的个人实践能力，这让很多在校大学生利用各种机会参与社会实习工作，以此来锻炼自己，增强实践能力。如果说假期实习是一种自我锻炼，那么毕业之前的实习则是我们进入职场之前的最后一场彩排，这场排练的成功与否，将直接影响到我们今后的正式"演出"。

　　实习对于我们来说，其深远价值可能是我们料想不到的。

为什么实习是我们大学结束之前的必修课呢？即使是水平相当的两个同学，实习也能让两人产生很大的差距。

有一次，我需要做一个工作总结，请了一位大学二年级的学生帮忙做PPT。我说出自己的思路以及框架和要求，她按照我的想法用PPT的形式来展现。我们是下午两点开始谈的，谈到四点，她用两个小时完成了40多页的PPT。之后，她说学校有些事，就先回学校了。

后来，我有了新的想法，希望能修改下PPT，就请另一位同学稍做改动。没想到，就这样一个小小的修改，他用了几个小时也没有完成。他们是同一个学校、同一个专业、同一个班的同学。我不明白为什么两个人有如此大的差距。后一位同学红着脸和我说："她以前在实习的时候做过，我都没接触过这些工作。"

由此可见，实习对于我们来说，是另一个成长和学习的阶段，相当于一次实践性质的进修。如果我们很认真地对待这一机会，很有可能实习结束之后，就能超过原本与我们处于同一个水平的同学。

实习对我们来说主要有以下几个好处。

首先，我们能通过实习来学习今后正式工作中需要的基本技能。就拿前面的那个例子来说，只有在实习中才能顺理成章地学习到工作中必需的工作技能。有的同学在宿舍里努力练习EXCEL、PPT等，但这些工具是要与工作内容联系的，仅有运用这些工具的技能还是远远不够的，还要为这些工具加入"魂"，那就是对工作的理解。反映到实习生身上，就是悟性。如果缺乏实习，即便是名校的研究生，有时对最简单的工作指令也听不懂。

其次，可以体验社会中的为人处世之道。有一位做研发的小伙子，工作技能不错，但就是不会与人相处，经常与项目经理吵架，公开扬言看不上自己的上级。有一次他邻座工位的同事打电话，多说了几句私人的事情，他便走上前去大声指责同事上班时间打私人电话，结果与同事大吵了一架。后来，这位小伙子被劝退。大伙儿对他不满意，不是因为他工作能力或业绩不好，完全是因为他不谙为人处世之道，如果这是一个非常难得的工作机会，岂不可惜！

大学校园相对于外面的世界来说，还是比较单纯的，我们在生活和学习的过程中不需要那么谨言慎行，但进入社会我们就要知道，熟谙为人处世之道有时甚至比工作能力还重要。

最后，实习可以让我们接触真实的职场，为以后的正式工作做准备。大学的开放性比较高，有人甚至说相当于半个社会，但校园再社会化，也只是虚拟的"战场"，只有走入工作单位，才能真正体会到社会工作的感觉。

用人单位在需要招聘新人的时候，经常会在实习生中挑选。有一位大四的同学经过学校推荐到一家单位去实习，他工作的内容之一就是收拾库房。对有些同学来说，这份工作显得那么"低级"，没有什么技术含量，但这位同学却把这个工作干得有声有色，用人单位非常满意。实习结束之后，单位希望他能留下来，成为正式的职员，但这位大四学生已经被保研，他选择了继续读书。

两年后他学成归来，这家单位主动请他来正式工作。这不仅是一份高薪稳定的工作，而且还有很大的发展空间，是很多应届生打破头也难进的地方。这个小伙子没有任何关系，完全凭借着之前实习期间的表现，为自己争取到了一个十分宝贵的机会。

要真正理解实习的价值所在，就用心去对待这份工作。在了解了实习的重要性之后，不妨来谈谈如何选择合适的实习单位。

实习单位大多分为三类：一是部委公务员，二是事业单位，三是企业。企业又可分为国企、外企、优秀的股份制企业、民营、小私企等。

挑选实习单位虽然有部分运气成分在里面，但也是一个技术活儿。我们选择实习单位要从本身的情况出发，可以从以下这几个方面来考虑：专业是否匹配、行业发展的前景、自己的兴趣、地域问题，以及成为实习单位正式工作人员的可能性。

通过这些方面的比较和考虑，我们就大概能明确地知道要找一个什么样的单位完成自己大学毕业前的实习。当然，确定实习单位只是一个方面，最重要的还是要在实习过程中用心学习，无论是实践技术方面，还是为人处世方面，我们要学的还有很多很多。

> **零遗憾忠告:**
>
> 　　实习,是指实地学习或在实践中学习。它不同于勤工俭学,它的直接目的不是获得报酬,它是我们步入职场前的一个必要的过渡阶段。对即将毕业的学生来说,实习不仅有利于加深对书本知识的理解和巩固,还能提高我们在理论知识的指导下观察、分析和解决问题的实际工作能力。在实习过程中,我们要学会察言观色,虚心学习,努力工作,丰富自己的实习经历,要树立阳光健康的形象,还要学习正确的为人处世之道。

第八章

毕业三岔路口，
我们该何去何从

　　大学生临近毕业，面对众多选择难免会有些迷茫，陷入一种选择困境。我们必须清楚，在这个决定以后命运的关键时刻，可以出现迷茫，但决不允许出现迷惑。所以，在我们做出选择时，一定要保持清醒的头脑，先"看透"自己，再进行选择。要先把自己当成一把钥匙，再去找那把最适合自己的"命运金锁"。

别把考研当成临时避难所

很多人戏言"大学生毕业就意味着失业"，为了避免出现这样的情况，很多人毕业之后并没有选择走上工作岗位，而是选择继续考研。考研对我们来说是一种深造，是让知识更加丰富、学历含金量更高的途径。然而，不少人考研的用意并没有那么深，只是单纯地想要逃避就业。

一直以来以学生身份自居的我们，毕业之后陡然要面对残酷的社会，很多人会产生退缩感，这是很正常的一种心理。当这种心理产生之后，我们不能一味地迎合自己的消极心理，更不能用逃避的态度来面对自己的人生和未来，而是要勇敢地面对，在社会这个大熔炉中锻炼自己。

当然，考研也不失为一个好的选择，但我们在选择是否考研时不能盲目，而是要理性对待，看看考研这条路是否真的适合我们。面对庞大的考研队伍，我们是否应该投身其中呢？我们可以从以下几点出发，来考量一下自己是否适合考研。

第一，自身的条件是否适合考研。

每个人的情况各有不同，并不是所有的人都适合读研，一定要从我们的意愿以及自身条件来考虑。在读研过程中，大多数的时间都要面对试验、分析数据、写论文这些工作，很多理科的试验都是需要大量重复的。那么，这种近乎清苦的研究生活，是不是适合我们呢？现在，社会对研究生的知识结构、创新能力和综合素质也提出了更高的要求，创新能力、创业能力、实践能力、组织管理能力、合作精神和敬业精神，这些都是当代研究生所应该具备的，我们是否有足够的信心和毅力让自己不断进步？只有明确了自身的条件和读研之间的关系，才不会在读研过程中后悔。

第二，经济条件是否允许考研。

在考研的过程中，报辅导班、买辅导书以及生活中的额外支出等加起来是一笔不小的开销。所以在决定是否考研的时候，经济条件也要纳入考虑的范围之内。

第三，市场状况和就业形势如何。

在读研的这几年，就业形势和市场状况也会发生一些无法预知的变化。毕业后是考研还是就业，对大学生来说向来是个两难的选择。一些学子在做出考研决定的那一刻，并没有想清楚很多事，比如研究生毕业后的出路，自己要成为一个什么类型的人，等等，便贸贸然报名研究生入学考试。如果幸运地被录取，那么之后就会如同本科四年一样，碌碌无为、茫然失措地开始研究生生活。虽然研究生毕业之后有了更丰富的知识和含金量更高的学历证书，但毕业的那一刻面临的可能是比之以前更为严峻的就业态势。

通过详细分析，我们就能知道自己究竟是不是适合考研这条路。

明确了考研的目标之后，我们要做的就是做好一切准备，迎接考研这个过程的挑战了。

所有考过研的朋友应该都有一个共同的感受，那就是考研比拼的最主要的就是毅力。而这样的毅力必须要有积极的心态来保证，积极进取，同时保持平常心。

有些人备考时经常出现松懈的情绪，上自习不能始终坚持如一，心思没有完全放在学习上，三天打鱼两天晒网，等到了11月，发现自己还有很多书没看，于是临时抱佛脚，虽每天都匆匆忙忙，却不知道自己在干些什么。像这样的考生是不会成功的，要么考之前就放弃，要么考了两门之后放弃，极少有人能坚持到考试结束的，即便考了成绩也可能不理想。

如果真的选择考研这条路，就要坚持走下去。

> **零遗憾忠告:**
>
> 　　考研要用理性的心态去面对，不能抱着逃避工作的心理去选择考研，而且我们要知道，考研之后的路并不会比现在好走，一切都要靠我们自己去努力创造。考研的生活是枯燥和充满未知的，要做好充分的心理准备去直面困难，毅力和信心是我们获得成功的法宝。

保研了，先别急着高兴

　　现在，很多学校的优秀学生会获得保研的机会，这是对优秀学生的一种肯定。保研在大多数人的认知里是一件好事情，是对自己学习和努力的一种肯定。很多人甚至为了得到保研的机会作出各种牺牲。但是，在我看来，能被保研并不是一件百分百值得高兴的事。

　　在许多人眼里，万州的条件不错。她曾是宁波一所大学的本科生，在校期间成绩优秀，是老师和同学眼中的好学生。本科毕业之后她成功保研，成为母校的研究生。可就是这样的好学生在毕业后，却为找工作犯了愁。

研究生毕业的万州只身来到杭州，当时她认为，杭州是省会城市，发展机会更大一点。

起初，雄心壮志的万州靠着自己读书时的一点积蓄和父母的赞助，在黄龙路附近租了一套单身公寓。白天，她游走在人才市场的招聘会中，晚上有空就在网上搜索招聘信息，投简历。她单纯地认为：研究生想找份工作还不容易？但一定要找一份好工作。她甚至想，用不了多久，就可以不用靠父母了。

一个月后，万州终于等来了一家银行的考试通知。当她欣喜地赶到考场才发现，这个职位不说是千军万马过独木桥，也是百里挑一。光现场参加笔试的人就分了两个考场。她有些忐忑地参加了笔试，焦虑地等待着结果。

没想到笔试很顺利，一个礼拜不到她就接到了面试通知。顺利通过笔试的万州有点沾沾自喜，仿佛已经看到胜利在向她招手。可是面试的结果让人沮丧，她落榜了。万州一打听，才知道入围的都是研究生，她根本没占什么优势。

"以前总觉得研究生应该挺厉害了，到找工作的时候才发现，随便问一些人，里面就有好多研究生。现在有个研究生文凭已经不算什么了。"万州无奈地说。

在那之后虽然也有过几次应聘经历，但都不了了之。大部分投出去的简历也石沉大海。

"再这样下去，不仅单身公寓住不起，在杭州的生活都成问题。如果当初不是因为被保研兴奋过头，理智一点，本科毕业就出来，现在工作经验也有了，也不会为了这个含金量不高的研究生耗费那么多时间和精力，现在研究生的身份让我占不到多少优势，反而因为研究生几年的学习让我跟社会都脱轨了。"万州说。

大学生面对保研时应理智对待，分析学校和专业前景之后再做决定。对于保研，我们可以从以下几个维度来考虑，从而做出正确的决定。

首先，找导师的时候，要正确地选择，不要只看导师是否够"牛"，还要看他能让我们学到多少东西。有人说选择导师就像是旧社会嫁人一样，一旦嫁错了郎，就有可能搭上一生的幸福，因为导师拥有足够的权力来决定你的一切行为。

那么，我们应该如何选择导师呢？

第一，导师的人品很重要。现在大多数人都更加注重导师的教育水平。其实选择导师的时候，首先就要看其人品，一个人品优秀的导师能帮助我们更好地学习和工作。

第二，名气小的导师也能帮助我们成就梦想。一些名气大的导师，因为有很多其他重要的工作要做，因此通常不会亲自带学生。而且这些导师很少让学生出去实习，这样就让我们失去了很多宝贵的机会。而名气相对小一些的导师，或者年轻些的导师，因为他们承受的升职压力更大些，通常会更用心一些。

第三，导师的研究方向很重要。不要一听到自己被保研就兴奋异常，要看看自己的专业是不是一个好的研究方向，能不能为我们创造出美好的前景。

其次，心态问题。保研对于我们来说确实是对自己的一种肯定，但并不是我们用来炫耀的本钱。面对保研，保持平和的心态非常重要。摒弃虚荣心，才能在关键的时候做出正确的决定。

零遗憾忠告：

　　考研是为了让自己的学识变得更加丰富。虽然保研免去了考研的艰辛和不确定性，但我们不能因为被保研而盲目地欢呼雀跃，一定要理性地对待这个机会。看看自己的专业是否有读下去的价值。

207

别把"体制"当成救命稻草

近来听到不少大学毕业生"赶考"的消息，猛然发现，似乎"考"已经成为一种新的潮流，现在越来越多的人加入考公务员的大军中，而这些参加公务员考试的人群有了一个共同的名字，那就是"考碗族"。"考碗族"就是指当下到处参加公务员考试，不考到"饭碗"不罢休的一群人。近年全国公务员考试热潮滚滚，"考碗族"成了流行词。"考碗族"中不乏就业难的青年求职者。很多应届生试图通过报考公务员来缓解就业的压力，省去求职的奔波，职场人士则希望借此机会进入政府机关，从此"一劳永逸"。

如今，大学生就业难已成为民生问题。大学四年专业性地学习限制了一些大学生其他技能的学习及发展，因此对于一些大学毕业生而言，报考公务员不失为一种较好的选择。尽管成为一名国家公务员可能是很多人心目中的美好期望，然而并非每个人都可以适应公务员的工作。

具体来说，有以下几种人不适合考公务员。

第一，性格内向、不善交际者。在机关工作，需要与各种各样的人打交道，与领导、与同事、与下属、与群众等打交道。人际关系的好坏，直接影响着自身的发展前途。成了公务员，首先要学会生存，融入队伍，尽快适应。我们必须大胆与人交往，灵活应付各种场面。特别是单位内部，说话办事都要随机应变，既要保全自己，又要尽可能地处理好与各方面的关系。

第二，追求事业上有快速回报的人。这一类人通常是事业型人才，渴望创业，有野心，并且追求一种扩张性，追求快速回报，希望通过个人努力能快速地实现规模的扩大以及创造利润。对于这类人来说，个人的满足感来自个人价值的良好体现，而个人价值的实现又来自事业上的每一次上升。一旦在职业发展中停滞，个人的职业满意度就会降低。政府部门、机构与企业最大的不同就在于企业的扩张与赢利是在风险中实现的，而政府部门与机构中，更多的是一种维护、维持，是一种平稳的状态。企业型的人通常骨子里会有一种冒险的精神，四平八稳的环境是不太适合他们的，在此他们会感到个人价值难以实现。

第三，性格过于直爽者。因为要与各种各样的人打交道，说话办事得有点"艺术"。在机关里，听人讲话也是一种艺术，要善于辨别对方的含义。性格直爽者，往往心里想什么，要么嘴上藏不住，要么脸上挂不住，往往容易在不知不觉中得罪了人。对公务员来说，有些事心知肚明即可，有些事知道一半即可，不必事事弄明白。

第四，缺乏职业规划、盲目跟风的凑热闹者。凑热闹考公务员的人不在少数。很多人本来对于为什么要考公务员以及成为公务员的益处并没有一个很清晰的想法，但是受周围多数人报考的影响自己也会报考。比如，有些高校毕业班的学生眼看同寝室或者同班同学都报名参加了公务员考试，自己也会抱着"重在参与"的想法一同报名。更有一些"考试族"，凡是有报名资格的考试，无一遗漏，都要参与，这其中当然也少不了公务员考试。

对于以上这几种人，建议最好还是考虑清楚自身的条件及报考的理由，不要浪费无谓的时间和精力。当然，有些人确实适合公务员的岗位，那就要抓住机会了。

如果从小立志从政，对政治具有独特的兴趣和爱好，并且通过个人长期知识积累拥有出色口才、高情商等适合在政界长远发展的能力，就可参与公务员考试，以期在仕途有所发展。

再譬如一些追求工作稳定者。金融危机给职场带来了巨大冲击，如今的职场仍然受着"余震"的影响，稳定高于一切的就业观影响着每一个渴望职业发展稳定的人。想要寻求安定、少风险、按部就班的工作状态，那就意味着努力打拼但随时可能遭遇经济裁员、缺乏安全感的职场生活可能并不适合，成为国家公务员队伍中的一员无疑是个上选。

零遗憾忠告：

相信每个报考公务员的人都有自己的小算盘，应届毕业生试图通过报考公务员来缓解就业的压力，省去求职的奔波；社会在职人士希望借此进入政府机关，从此一劳永逸。然而，并非每个人都可以适应公务员的工作。当我们为公务员招考而动心的时候，先回答自己一个问题，做公务员真的是我最好的出路吗？

看清形势，当心"海龟"变"海带"

如今，留学的"行情"连年看涨。为了满足人们出国留学的需求，留学咨询服务机构不断出现。在我了解的一家留学咨询服务机构里，每天都有很多询问和办理手续的人，多的时候，一天就要接待十二人以上，其中不乏大学毕业生。机构的负责人说，无论是咨询的人还是办手续的人，行情都是看涨。

"留学热"已经成为一种潮流，更有大学生将出国看作毕业之后的另一条出路。出国留学确实是一条路，但不一定是最合适的出路，还有可能是一条死胡同。很多人都以为出国遍地是黄金，即使在国外淘不到金，回国成了"海龟"，就会像镀上了一层金，找工作就能更有资本。事实上，与"留学热"形成鲜明对比的就是留学生回国之后就业遭到的"冷遇"。

例如，海外某院校毕业的王姓"海龟"，到深圳某企业应聘时，笔试就被淘汰。英国某院校硕士毕业的严姓"海龟"回国后，投出去60多份简历，一无所获。

海归留学生就业难的例子比比皆是，是什么造成了这样尴尬的现状呢？"海龟"成群回国直接导致"海龟"之间的竞争日益激烈，而中国本身就业市场的严峻形势又造成"土鳖"与"海龟"之间的竞争加剧，很多"海龟"被迫在中国搁浅，成为"海带"。

"外国文凭含金量高"这种想法是错误的。一留学中介高级咨询顾问曾表示，无论在国内还是在国外，念书无非都是学习、长本事，出国前应该首先给自己一个准确定位，自己究竟想怎样发展。没有真才实学，有什么学历都很难在社会上立足，由"海龟"变"海带"的例子不在少数。

一些在国内成绩不好的同学，尤其是英语不好的，在国外陌生环境里，连最基本的沟通能力都不具备，完成学业就更谈不上了。在这种情况下，留学生很容易失去信心，性格可能越来越孤僻，造成很多留学"差生"，只能虚度时光、浪费金钱，最后一事无成，回国之后也很难找到好工作。

出国不能盲目，不要以为留学回来前途就一片光明。出国之前一定要有全面的考虑，准确定位。

由于一些家长、考生对出国的定位不准，导致很多同学出国留学出现了盲目性。很多独生子女长期在父母照顾下生活，出国后根本不适应国外的生活环境，往往会出现人际交往沟通问题，甚至出现自闭，这些都是没有充分做好出国准备的学生常有的通病。另外，在国外的这段时间可能让我们对国内的情况不太了解，回国之后可能出现与市场脱轨的现象。

除了回国就业的问题，留学期间也会产生很多困难，高额的留学费用就是其中之一。目前出国留学仅学费一项就可能令人望而却步。除了学费较高，其他费用也有上调，而留学服务机构的手续费已突破万元。

很多人只看到出国留学的好处和优势，没有看到其不尽如人意的一面，投入太多的精力，最终得到的可能是更多的失望。

因此，对于出国留学，我们不能盲目地跟风，一定不能冲动，要保持一颗平常心，慎重选择。

零遗憾忠告：

如果出国前准备不充分，在国外学习时间又短，又没有相关职业的实习和工作经验，回国就业时会遇到较大困难。不要盲目留学，要看清形势，认真分析，看看这条路是不是真的适合自己走，坚定了方向就要不后悔地往前走。只有理智分析和思考之后再留学，才不会让我们从"海龟"变成"海带"。

先认清自己再创业

创业是很多人的梦想，看着那么多创业成功的先例，年轻气盛的我们难免会有上场一试的冲动。我在网上随便搜索一下，就能找到近千个大学毕业生创业的故事，这些创业故事的背后有着各种悲与喜。现实总是比梦想更加骨感，也许我们印象中的创业故事都是美妙传奇的，但真实的情况却令人五味杂陈。

盲目创业不会让我们成为成功的传奇，只会让我们遍体鳞伤。为什么大学生创业并不容易成功呢？在我看来，最主要的原因有三点：资金、客户和经验。

虽然这三点原因说起来简单，但却是大多数大学生创业失败的主要原因。

创富神话令人激动不已，但是，创富神话背后的艰辛与困苦，是否为人所注意？对于那些创业一败涂地的人，是否有人愿意聆听他们的故事？

拥有一番自己的事业，这听起来确实让人心动，但并不是每个人投身创业之后都会有成就，失败的人还是占多数，尤其是缺乏经验和人脉的我们。走出象牙塔，我们可以选择走上创业的荆棘之路，但必须理智看待创业问题，让自己在失败之后也能不退缩，继续直面生活。

零遗憾忠告：

　　曾几何时，遗忘了艰辛和风险，大学毕业生创业成为一个鼓舞人心和代表传奇神话的符号，极受一些人追捧。好像你不创业，就表明你胆怯、懦弱，缺乏激情与梦想；如果你创业，说明你勇气可嘉、前途无量，却全然不顾其中的利害与得失。创业之前，要看清自己的条件，摸清自己的底细，不要盲目地把自己看得太强大，不然只会跌得很惨。

"校漂族"：剪掉"恋校"这根脐带

　　每年都有无数学子结束几年的大学生涯，正式走入社会，寻找适合自己的工作岗位和道路。然而，有些毕业生却并不愿意离开自己熟悉的校园，仍然保持着大学时代的生活和学习规律，在食堂吃饭，到图书馆学习，去操场踢球，在学校网吧上网……

　　这些人早已不是学生，脱离了学生身份的他们却依然过着学生的生活，他们其实只是出于各种原因继续留驻在高校周围。他们的生活重心在学校，仍然在利用学校资源而生存，所以被称为

"校漂族"。

对于"校漂族"这个词，如今人们已经耳熟能详了。近年来，这个"族群"在不断地扩大。有专家预测，在北京、广州、郑州等地的高校周围，"校漂族"已达数十万人。如今，每年的毕业大军中都有这样一群"校漂族"，他们虽然已经毕业了，失去了学生的身份，却不肯离开校园，没有固定的长期职业，过着漂泊的生活。随着大学毕业人数的激增，"校漂族"也成了人数庞大的群体。

大学毕业后的小李也加入了"校漂族"，他无奈地说："毕业了，我才开始准备。"小李的老家在湖南，在四川念大学，在报考研究生失败后，就开始了"校漂"生活：早上 6 点多起床，乘坐约 20 分钟的公交到学校，在学校吃过早餐，就直奔自习室或图书馆，晚上 8 点再回到住处，看会儿书，睡觉。早已大学毕业的他，还过着大学时代的生活，无论是生活模式，还是思维模式，都没有摆脱学生的影子和对学校的依恋。

在小李看来，自己的自理能力不适合马上进入社会，学校有学习氛围，食堂卫生且实惠，图书馆资源丰富，联系老师和同学方便，考研信息齐全……基于以上考虑，小李毅然决定毕业之后背井离乡，在四川"校漂"。

像小李这样的"校漂族"属于考研派，他们坚守在学校备考研究生，希望考上之后能找到更好的工作、遇到更好的机会。然而，正是这种心理，让很多好的机会就此流失了。很多人在拼搏了一段时间之后，既没有考上理想专业的研究生，又没有好的工作，不知道以后应该漂向何方。

除了像小李这样为了考研成为"校漂"的人，还有一些人纯属于恋校的逃避派。他们成为"校漂族"没有明显类似于考研这样的目的，只是单纯地依赖校园的庇护，不愿意面对社会，走上工作岗位。

某工商大学毕业的王亮就是典型的"恋校派"。毕业后他曾找过一份工作，并在工作单位附近合租了一间房子。但上岗不久，王亮就提出了辞职，并退掉出租屋，回到学校附近租了一间房子，开始了"校漂"生活。

王亮说，刚离开学校的他不适应工作，工作单位周边都是社会人士，他很难融入，所以才辞职的。如今，他每天走在校园熟悉的路上，看着熟悉的风景，吃着食堂的饭菜，打着开水房的开水，就很安心。他觉得唯有在学校，才能找到归属感。

王亮现在很满意这样的生活，但是由于找不到工作，在学校漂着也需要成本，最近已经有些捉襟见肘了。因为已经毕业，不好意思再找家里要钱，王亮找到了一份家教的工作，平时周末做做兼职，贴补生活。但对于未来，王亮也很迷茫。

对于"校漂族"来说，最大的心理压力恐怕就是对未来的迷茫。上海部分高校进行过一次调查，结果显示有54.35%的学生表示要做"校漂族"，直到找到合适的工作为止。那么为什么会有那么多人愿意成为"校漂族"呢？

这些"校漂族"中，有的是为了考研留校，有的是为了更好地获取学校信息，还有的是为了在学校周边创业，但更多的人还是因为对母校的依恋。

我们必须认识到，大学只是我们人生的一个阶段，在漫漫人生路上，还有很多新的阶段等着我们去经历，不能因为对社会大熔炉的胆怯而放弃开始新生活。我们应该要勇敢前行，带着大学时期积淀的知识，在社会上寻找到属于我们的位置。

刚踏入社会的我们应该如何剪断恋校的"脐带"，独立勇敢地面对工作和生活呢？

第一，"校漂族"长期生活在一个相对封闭的环境里，人际关系相对单一，缺乏必要的人际交流和大范围的交际活动，容易孤立、焦虑甚至抑郁。这样的生活不利于年轻大学生的心理健康，还可能导致其淡漠社会责任意识和自控风险能力。要注意调整自己的心态，及早融入社会。毕业生摆脱"校漂"身份的第一步就是要理性地把握就业优势，认清自己的优势与特点，做一个符合自身的职业定位。如果无法对自己做出准确定位，可以求助学校辅导老师或者职业规划咨询专业机构。

第二，在对自己做出了准确的就业定位之后，我们就要注意工作过程中的心态，不要高不成低不就，这样只会让情况更尴尬。就业难和大学期间没有好的规划是"校漂族"现象形成的主要原因。一些大学生将考入大学视为人生的重要目标，达到心愿后没有进一步目标，四年的大学时光对于他们而言更像一个悠长的假期，对于未来的职业规划更是没有考虑过。其实"校漂族"中的大多数人是求职时期望值太高了。有个正确的求职观，找到一份工作，才是走出漂泊生活的根本办法。

零遗憾忠告：

　　"校漂族"把学校当作庇护所，暂时躲避了社会工作的压力和复杂的人际关系，但这并不是长久之计，我们必须面对一个现实的问题，那就是人不能总漂着，只有知道目的地在哪里，我们才能有方向。"校漂族"的身份只能是我们的一个中转，不能是终点，我们不能纵容自己对学校的依恋，而是要主动勇敢地剪断恋校的这根"脐带"，虽然会痛，但痛过之后我们就能勇敢地面对生活，翻开自己人生新的篇章。

第九章

走好踏入社会的
第一步

　　毕业了，也许有人会对你说"找家福利待遇好点的公司"，还有人可能会对你说"找不到满意的工作不要紧，我们可以先就业再择业"。这些话我们可以听，但决不能完全照着做，我们的人生应当由我们自己做主。我们要相信，这个世界上有一个最佳的工作岗位在等着你。而我们，也应该清楚，无论自己从哪所大学毕业，"学习"生涯都不会画上句号，因为还有"社会"这所大学需要我们耐心地去"读"。

找工作前先完成自我定位

相信很多刚毕业的大学生都会有这样的经历：当毕业季来临，面对各种各样的招聘会，拿着简历置身其中，总有点晕头转向的感觉，不知道自己究竟要走向何方。其实这是很多人都有的正常心理，从学生变为工作人士，总需要一些时间来适应，但这个适应期当然越短越好，这样我们才能更好更快地融入以后的正式工作中。

如何才能让我们在走出校园之后尽早适应新阶段的生活呢？首先就是要在找工作之前做好自我定位，明确方向才能往正确的道路上前进。找到自己的位置，才能找到自己的价值，在以后少走弯路。

会开车的朋友一定有这样的经验：如果我们一个路口走错一步，可能需要多走几个路口来纠错。在事关职业发展的大问题上，更要少走弯路，做好事先准备。这就如同我们要追求一个心仪的对象，总得了解人家的喜好，评估一下自己的实力和匹配程度，搜集一些竞争对手的信息。有了这些，我们才能做出合理的判断——追还是不追？怎么追？求职也是如此，我们给自己一个什么样的定位，就会有一个什么样的地位。所谓"头三年定好位，后三年有地位"，说的就是这个意思。

在很多向我咨询问题的青年中，经常有专业能力很强、工作却不理想的青年。他们都没有一个明白的职业成长偏向，不知道该把气力朝哪个方向使。假如没有事业偏向和明确的定位，没有方向的船，即便再尽力，燃料再足，也可能离陆地越来越远，很难达到美丽的陆地。

那么，具体来说，什么是自我定位呢？已经毕业或者面临毕业的我们应该如何让自己准确地完成定位呢？

其实，自我定位的含义很广，要看我们怎么去理解。在我看来，自我定位的第一层含义就是知道自己的能力和特点。

天空中落下的雪花虽然看上去一样，但仔细观察就会发现，其实每一朵雪花都有着差别。其实雪花刚形成的时候形态都是一样的，之所以我们看到的雪花形态各异，是因为在下落的过程中，每一朵雪花受到的温度、空气摩擦力和速度等不同，最终导致了千百朵雪花形状不尽相同。同样的道理，我们每个人在人生的道路上遇到的机遇和平台不同，也就有了百态人生。所以，自我定位的第二层含义，就是要了解我们自己与别人的区别，从而利用这种区别获得自己特有的成绩。

如果我们是"麻雀"，就要做好"麻雀"该做的事情，暂时不要做"凤凰"的梦，努力"涅槃"，只要站的位置和面对的方向正确，最终一定会飞上枝头变"凤凰"。对于这一层含义，说白了，就是要知道自己几斤几两，不要盲目求胜。现实生活中，很多年轻的职场人因对自己定位不清而陷入迷茫。这样的例子数不胜数，而我们切不可成为其中之一。

除了以上两点，自我定位还有其第三层含义，那就是展示自己，让别人看到我们的价值，从而给别人一个选择我们的理由。举几个很简单的例子，一个女孩喜欢你，可能是因为你有一种独特的魅力吸引了她；一个老板付给你更高的薪水，可能是因为你能创造了和别人不一样的价值。

该如何完成自我定位？其实方法很简单，只要在找工作前从以下几个维度来进行自我定位，相信我们很快能找到自己的方向。

首先，要做好行业定位。如今一些大学生，毕业不到一年，已换了三四份工作，且不说频繁地更改工作是不是能达到预期后果，隔行如隔山，每个行业都有每个行业的特质，假如我们漫无目标地游走在各个行业而没有成果，何谈取得人生的成功？

求职前，我们最好选择具有长远竞争力的行业，这样我们也

225

能跟着事业一起发展和成长，等到一定的时间积累之后，我们会发现，自己的身价也随着职业的发展水涨船高了。

其次，要做好职业定位。面对一份工作，我们要看到的不仅是现在申请的职位，更应该看重未来这个职位会有怎么样的发展，发展的空间大，这份工作的价值才会大。

最后，要发展个人所长，不要局限于大学时期的专业。很多大学生以为"本身学的是什么专业，就要从事什么工作"，这是一个很大的误区。专业只是你的学业称号，并不代表我们的实际特长技能，而特长则是你比他人突出的地方，是我们求职就业时的亮点。

零遗憾忠告：

很多毕业生说自己找不到好工作，其实还不如说是找不到自我。如果能明确自身的优缺点，理性地为以后的人生制定合理规划，做好工作前的定位，那么我们就能有方向地向前走。找到了自我，才能找到我们在这个世上的位置，才能在这个位置上有所成就。

不要等着工作来"敲门"

经常听到一句话，"不要等着幸福来敲门，幸福要靠自己争取"。说到追求幸福，我总会想起以前看过的一部电影——《当幸福来敲门》，这部影片一直让我印象深刻，它是根据真实故事改编的，影片中人物的原型就是美国赫赫有名的黑人投资专家克里斯·加德纳。

影片主角克里斯·加德纳是美国一位普通的黑人推销员，推销的产品是骨密度扫描仪，他每天奔走于各大医院去推销自己的产品。由于加德纳所推销的产品实用性并不大，医院购买这个仪器的成本也有些大，所以加德纳的推销业绩并不好。他的妻子，也是一位黑人，在一家工厂做女工。他们还有一个四五岁的小儿子。全家靠着加德纳推销的费用和妻子做工的微薄收入，艰难度日。

为了缓解家庭经济的压力，加德纳希望能够换一份稳定点或者收入高一些的工作。但由于他没有念多少书，在那个人才济济的城市里重新找到一份工作非常难。

然而加德纳虽然没有多少文化，但对数字有着绝对的敏感和天赋。凭借这份天赋，他在一次机缘巧合之下看到了一份招收证券经纪人的工作。这个工作不要求文凭、专业，加德纳决心试一试。

但这份工作的录取条件却比较苛刻，被正式录用前需要先免费实习 6 个月，并且最后只选一个实习生留下。

这对于加德纳来说是一件十分困难的事情，毕竟自己还有一个家庭要养活。无奈之下加德纳一边做实习生，一边继续推销自己的骨密度扫描仪。这期间他的妻子忍受不住生活的艰苦，离家出走去了纽约。

虽然生活困苦、经济紧张，加德纳依然保持着乐观的心态。他一直对儿子说"幸福是要自己去争取的"。皇天不负有心人，加德纳凭借自己的毅力和出色的业绩终于成功地留在了这家公司，并且在后来创办了自己的投资公司，成为美国乃至世界赫赫有名的投资专家。

正是因为主人公勇敢努力地不断追求幸福，幸福才最终光临了他。经常听见人们抱怨自己不够幸福，其实很多时候只是因为我们一直等着幸福降临在自己头上，总是被动的，而不去主动地追求，所以只能怨天尤人。

在生活中追求幸福如此，具体到大学生找工作的问题上也是如此。好工作不会无缘无故地降临在我们头上。在家坐等成功只能是白日做梦，好的工作和前途要靠自己去打拼和争取。

那么应该如何主动出击，寻找好工作呢?

第一，丰富知识和技能，用知识武装自己。如果我们想应聘一个职位，那么就要了解这个职位需要什么样的人才，然后让自己无限接近甚至超越这个标准。曾经看到过一个案例，说的是一个大学毕业生到一家大公司应聘，参加这次应聘的人学历都很高，作为唯一一名本科毕业生，他的机会似乎很渺茫，但最终的结果是这名本科毕业生打败了一同应聘的众多硕士、博士，获得了唯一的录取名额。原来，这家公司招聘的职位要求中，有一项就是应聘者必须具有很强的实践动手能力。在面试过程中，只有这位本科生成功地完成了面试官要求的技术实践，所以获得了这次机会，而其他的求职者则忽视了职位所需的实践能力，只能失败。

第二，面试的机会越多，好工作来得越快，所以我们要争取面试机会。也许我们不知道每一次面试能否成功，但如果不争取，留下的可能只有遗憾和后悔。抓住面试的机会，能让我们近距离地接触未来的工作，这是一种锻炼，也是获得好工作的机会。

第三，快速行动，时间不等人，不要等机会来敲门。机会不是等来的，而是靠抓来的。优秀的销售员在销售产品的时候，只要看到一个潜在客户表现出哪怕是一点的兴趣，就不会坐以待毙，而是快速行动，抓住客户。找工作的时候，我们既是产品又是销售员，只有快速行动，才能抓住好机会。如果你认为你正在快速行动，那么你要更快，现在要比过去快。我们工作在一个节奏超快的世界里，如果你打盹了，你就会被落下，这是肯定的。

第四，多出去走走，拓宽自己的眼界。只窝在家里看着电脑是不能切实体会到当下所处的市场的，只有多出去走走，让自己开开眼界，才能知道自身有哪些不足，才能看到更多的机会，从而进一步抓住机会。

有人说，人生有很多事情是不能等的：不要等到想要得到爱时才学会付出；不要等到孤单时才想念起你的朋友；不要等到失败时才记起他人的忠告；不要等到有了职位时才去努力工作；不要等到生病时才意识到生命的脆弱；不要等到有人赞赏你时才相信自己；不要等到分离时才后悔没有珍惜感情；不要等到腰缠万贯时才准备帮助穷人；不要等到别人指出时才知道自己错了；不要等到临死时才发现要热爱生活。

零遗憾忠告:

很多机会就是在等的过程中悄悄流逝了。"机会不等人"，这句话人人都会说，但是真正努力去抓住机会的人却仍是少数"。当我们心动的时候就是我们要行动的时候，只有不停下前进的脚步，才能成功。不要说没有机会，也许机会就在我们身边，只是它常常喜欢和人们捉迷藏。不要等机会来敲门，我们要敲开机会的大门，走上通往成功的大路。

简历艺术：要让自己与众不同

简历是我们与求职单位相识的一张名片。一到毕业季，我们都会拿着精心制作的简历奔波于各大招聘会。但是，我们有没有想到，当我们满怀信心投出一份看上去精致的简历时，它能否给我们带来期待的机会和关注呢？

事实上，有调查显示，大学生的求职简历普遍存在三个显著的问题：

一是简历太过烦琐。简历在很大程度上决定了用人单位对我们的第一印象，所以我们都愿意花费必要的精力和心思在这几页纸上，导致有些人完全不计较简历的页数和字数，恨不能把自己的优势完全描述出来。

我们可以采取多种形式来通过简历展示自己，然而用人单位并不一定有耐心看完我们精心策划的自我介绍。某董事长说，他收到过一份简历，上面满是艺术照，还有人用 DV 拍摄来做自我介绍。他个人觉得，拍摄 DV 虽然是求职者有心，但是用人单位可能会觉得太烦琐，不一定有耐心、有精力去看完，所以简历还是得做得简单明朗实在点。

二是缺乏真实性，存在很多杜撰和"注水"的现象。有的大学生戏称，做简历其实就是"编花篮"，尽量写一下自己的优点和成就，即使这些是编出来的，甚至有 80% 的人都承认自己给简历"注水"了。

某高校的一位同学为了争取面试的机会，简历镀了一层厚厚的金：没当过学生会干部，简历上却凭空出现了个"学生会某部部长"；没有获得过任何奖励，信手拈来一个"二等综合奖学金"；此外，还杜撰了不少企业实践经验。

对于此类现象，一家人力资源公司的经理说，负责招聘的人员一般都是有经验的，一些小儿科的"注水"简历很容易被看出来，真诚和态度是第一考量，其次才是一些基本信息。不仅如此，如果伪造学历，那么用人单位还可以追究其法律责任。

三是不同的职位投递同一份简历。在参加招聘会的时候，我们手上都抱着很多本简历，但这些大多是一模一样的，然而我们要投简历的单位却是不同的，这就造成了不同的职位投同一份简历的现象。

也许正是这个我们很容易忽视的问题让机会从手中流失。千篇一律是求职过程中的大忌，应聘者要尽量显示自己的诚意。针对每一个公司和职位制作不同的简历。简历中重点列举与所申请的职位相关的信息，这样才容易脱颖而出。

要想让简历在堆积成山的 A4 纸中脱颖而出，就要注意以下几点：

（1）简洁大方。除了艺术、设计类毕业生简历，建议同学们的简历要整体简洁、大方，不要花里胡哨。

（2）详略得当。对就业影响不大的，又体现不出个人能力的事例建议少用。而自己特别有成就感、参与度高、能体现个人品质的就多描述一些。

（3）重点突出。自己最优秀的部分要重点述说，可以用加粗、下划线的方式吸引用人单位的注意。

（4）注意细节。比如电话号码要写清楚，还有就是要注意简历中一定不要有错别字。

233

零遗憾忠告：

一些找工作的大学生，纷纷给自己的简历"涂脂抹粉"，让简历上的自己摇身一变成为无所不能的"全才"，甚至有的人说不造假找不到好工作。事实上，招聘单位更看重人才的诚信度。

制作简历是大学生求职的第一课。不要小瞧这一张A4纸，它是求职者叩开用人单位的敲门砖，也是用人单位对求职者的第一印象。写出一份让人一目了然、简洁漂亮的简历，会给我们带来更多的机会。

"先就业后择业"会让你走弯路

"先就业再择业"渐渐成为一些大学毕业生的求职准则。实际上，"先就业后择业"可能让我们走弯路。

金是个品学兼优的学生。他出生于医学世家，大学期间主修药学这个专业。毕业后，凭着优异的成绩和家庭背景，金联系到了一家有名的药业机构。看着别人慌慌张张找工作，他想："先有份工作锻炼一下，等有了工作经验，路宽了再另做打算。"就这样，金成了班级里最早签合同的人。

然而，不到一年，金就发觉这里的环境跟之前所想的完全不一样。因为他刚进去，只能做辅助性工作，很不开心，很多时候都觉得自己被埋没了，心里愤愤不平，对工作开始敷衍了事。

没多久，他跳槽去了同行业另一家小一点的公司。岗位环境比之前有所改善，但是小公司人不多，工作量很大，金每天在实验室里做着几乎同样的工作，又开始厌烦不堪。每天一进大楼，看到实验室就开始叹气，抵触情绪似乎在下一秒就会爆发。

但因为已经换了一次工作，家里人已经很不满意，金不得不在此安分地待着，即使内心翻江倒海，表面上还是老老实实地进实验室工作。这一待就是两年多，然而心里的厌烦并没有因为时间的流逝而减少。直到有一天，他接连第三次没有按时完成工作任务后，被领导一顿猛批，他才终于发觉自己其实一点都不喜欢关在实验室里做实验。

金开始寻觅其他方向，他想做市场营销方面的工作，但碍于没有经验，始终没有找到合适的机会。但是实验室的工作他已经无法忍受了，心中积压的负面情绪太多，易怒、失眠也成了家常便饭。最终，金不顾家里反对递了辞呈。一场风波后，他对父母说了压在心里很久的话："我一点都不喜欢什么药学，做实验真的无聊透顶，就像坐牢一样。当初就是你们不停唠叨让我去！早知道这样就不该进去浪费时间！"

其实，金或许并不是不喜欢药学这个专业本身，而是因为刚毕业的时候就业理念产生了偏差，第一份工作没有重视，去找真正适合自己的工作，只是把第一份工作当作跳槽的过渡板，所以工作的态度和积极性早就打折了，以至于这种心态一直影响到之后的工作。

金并不是个例，"先就业再择业"的方法并不适合所有人，这种方法有可能让一些人产生负面的工作情绪，影响积极性，从而导致迈向成功的路变得无比漫长。

很多抱着"先就业再择业"心态的人，都是把第一份工作当成临时落脚点，随时想着找到好机会就跳槽，这样会让他们的心思不能很好地放在工作上，不仅耽误了工作，还浪费了时间。如果不先做好职业定位，只是单纯地要求有个暂时落脚点，那么在职业道路上，很可能出现以下几种情况。

第一，严重缺乏工作动力。由于心没有定下来，对当下的工作也只是抱着敷衍的心理，可能根本没有想自己要在这个岗位上有所发展，缺乏工作动力，不仅无法实现自己的职业愿景，甚至连最基本的工作任务都不能按时按要求完成。成天无所事事，每天疲惫不堪，精神萎靡不振，在办公桌前不能集中精力做事，而是等下班，一副"当一天和尚，撞一天钟"的样子。频繁跳槽不会解决问题，反而可能让问题越来越多。

第二，职业发展毫无头绪。失去了工作的积极性，认为"怎么可能还会有发展"，不做职业定位，随便找个工作先落脚，这会直接影响到我们的职业规划，导致今后的职业发展毫无头绪。若没有切实可行的解决方案，未来五年，甚至是十年后，还将重演现在的悲剧。职场上的拼搏竞技，容不得得过且过，你骗它，它就折磨你。

第三，融入不了当下的环境。不论大公司还是小公司，每个阶段都在不断调整变动，这是在为企业下一阶段壮大打基础。若我们在这个团队里总是觉得压力很大，工作任务拖拖拉拉，跟不上进度，还总是被老板训话，那么对当前的工作真要好好反思一番，很有可能这份工作不适合你。如果是自己想做的工作，行动力和执行力可能是 100% 的，不会如此消极，所以，工作的选择很重要。

选择职业，正如选择一双鞋子，在买鞋时要考虑到价格、鞋码、舒适度等多个方面，择业也一样，要选择适合自己的，而先就业的观念带有一部分盲目性。我们择业时一定要充分地结合个人的自身能力和社会因素，这样才能更快地走向成功。

零遗憾忠告：

在错误的轨道上坚持，只会错得更离谱。"先就业后择业"的观念已经被传播多年，面对激烈的就业竞争，毕业能找到工作虽然很好，然而长远来看，就业无发展，对个人影响极大，抱着"走一步看一步"的态度，本身就违背了职业发展的规律。盲目、无目标状态下的就业只会让自己越来越偏离发展轨道。有小病时就要及时医治，等到病入膏肓时已为时已晚。如果你也信奉"先就业后择业"的观念，那么有必要尽快对个人职业发展进行一次回顾和梳理了。

别被"热门"工作牵着鼻子走

在很多人的印象中，"热门"的东西，都是好的，是值得追求的。高考填志愿的时候，很多人喜欢选热门专业，毕业找工作，很多人也自然而然地想投入所谓的热门行业中，以至于出现了有的岗位人员紧缺，而有的岗位却人满为患的状况。

求职的偏差，很大程度上是由于我们的理念导致的。大多数人都有着从众心理，认为只要跟着大潮流走，肯定能达到理想的彼岸。殊不知，众人挤独木桥是很容易把桥挤垮的，也许我们自主开辟一条新道路才是走向成功最好的方法。

近几年，会计、软件和市场营销是几个比较热门的行业，于是越来越多的人开始投入这些专业的学习中，希望毕业能找个好工作。就连一些原本大学不是念这些专业的人，毕业之后也放弃原先的专业，转而通过成人教育机构学习所谓的热门专业。有需求就要有供给，但太多的人被热门工作牵着鼻子走，人数供过于求，再热门的行业也会慢慢冷却。

彤彤是酒店管理专业毕业的大学生，毕业之初，她跟众多刚从象牙塔中走出来的学子一样，怀着大展身手的激情和自信，但接二连三找工作失败之后，彤彤开始怀疑自己当初选择的专业是否正确了。

由于没有工作经验，也没有与工作相关的人际关系，即使进入酒店工作也只能从最基本的服务人员开始。心气高的彤彤不愿意接受这样的工作，思考再三，她决定换一个专业。于是，已经大学毕业一年的她报读了一家培训机构的会计专业，在她看来，任何一家单位都需要会计，会计就业率相对较高，培训结束之后肯定能找到一份满意的工作。

抱着这样的信念，彤彤很努力地学完了培训机构的会计专业课程，并且顺利地考到了会计证。拿着会计证书，彤彤觉得这就是通往好工作的敲门砖。然而事情却出乎她的预料，虽然很多地方需要会计，但由于单位的大小不同，会计的工资待遇也有着天壤之别，而且稍微大一些的单位对会计都会有很高的要求，不仅应聘者要有会计从业资格证，还需要有一定的经验。这对刚毕业的彤彤来说几乎是难以逾越的门槛。

最终，彤彤在一家小单位找到了工作，虽然工资待遇跟之前预计的差很远，但生活压力让她不得不先接受这份工作。彤彤说，以前只知道会计好找工作，但是现在学会计的人越来越多，工作也不好找了，尤其是那些好工作更是轮不上自己。

由此可见，热门的工作并不等于高薪，冷门也不见得没有发展空间，我们不能随波逐流一味地追求热门工作，而是要根据自身情况来判断什么样的工作才是最适合我们的。

　　毕业不久的阿强对于自己跳不跳槽一直举棋不定。阿强读了5年的临床医学，毕业后在医院做了内科医生，但他觉得医生收入低，而且医院的圈子相对比较封闭，他不想自己一辈子待在医院里，过这样平淡的生活，于是跳槽的心开始萌动。

　　不久，阿强辞去了很多人心目中的好工作，转而去企业做了一名销售人员。在阿强看来，销售的工作比较有挑战性，而且提成高，很适合自己。凭借着医学背景，阿强成了一家做药品的全球500强企业的销售员。新工作的收入不错，但阿强却又产生了辞职的念头。因为这份工作的应酬太多，经常需要陪着客户喝酒拉关系，整天强颜欢笑让他提不起兴趣，工作的激情渐渐消磨殆尽。

　　最终，阿强还是辞去了这份工作，原本以为找到一个热门工作，自己就能一展身手获得想要的生活，但事实证明，这份热门的工作并不适合自己。有了前面的教训，阿强决定选择一份真正适合自己的工作。但应该做什么工作呢？想来想去，始终拿不定主意，他觉得应该找职业顾问咨询一下。

　　职业顾问发现阿强善于探索、分析、评估问题，善于找到解决问题的关键因素，并且发现他有写作的天赋，特别是写理论方面的文章，也有口头论述一个道理或观点的天赋。

　　另外，通过性格分析，确定阿强是一个具有微内向性性格的人，适合于在一般工作状态下，不需要与其他人共同协作，可以独立完成的工作。他的性格的另一个主要特点就是深思熟虑，擅长需要周密思考的工作。

综合分析之后，职业顾问告诉阿强，他的天赋和性格指向的职业方向是理论研究，建议他从事人文科学的研究和应用方面的工作：首先是人文科学某个领域的专家，然后以专家的身份做企业或个人的顾问，从事咨询、培训工作。

得到了这样的结果之后，阿强也开始对自我进行职业分析，很快决定从事人力资源方面的研究和应用工作。现在阿强正在读心理学的在职研究生，同时在两家管理顾问公司兼职做人力资源方面的咨询工作，他的目标是成为一个著名的人力资源专家，他对实现这个目标很有信心。

从上面的实例就可以看出，热门的工作或许能提供给我们想要的待遇，但并不一定能成为我们长远的职业规划。要想工作上有所成就，就要有一份特有的自信和激情，一味地跟着大潮走是难以找到个人定位的。

零遗憾忠告：

找一份热门工作，不如当一个热门人才。我们求职不要看这行业是否受欢迎，而是要看是否适合自己，能否在工作中体现自我价值，并获得长远发展。找工作前，首先要进行自我职业分析，了解自己最想做的是什么，最适合做的是什么，然后再开始寻找，否则很可能进入一个不属于自己的行业，导致职业计划搁浅，多走了很多弯路。

小公司大公司，条条大道通罗马

陈成刚毕业的时候，经常有人问他想到哪里工作，他总是毫不犹豫并且信心满满地说，要去一家大规模的公司。在他看来，大公司就意味着大的发展空间和高薪，只有到这样的地方工作，才能实现自己的人生价值。

想法是好的，但好的想法有时候却难以实现。走出校门后陈成就把找工作的目标确定在各个大公司。但由于大公司的竞争比较大，毕业一段时间之后他仍没有找到满意的工作，看着那些就职于小公司还自得其乐的同学，陈成甚至觉得他们不求上进，这种小地方怎么会有发展呢？

因为陈成的坚持，他终于在一家大公司找到了一份工作。虽然工作内容比较基础和单调，薪水也不高，但在他看来，这些都是暂时的，以后一定会有好的发展。就这样，他在这家公司兢兢业业地做着，努力让工作完成得最好。

　　然而，过了很长一段时间，陈成的工作内容和职位依然没有改变，重复的基础工作让他慢慢提不起兴趣，但即使这样的工作也有很多人竞争，稍有不慎就会被别人取代，他不得不强迫自己对枯燥的工作保持激情。

　　后来他还是辞职了，辞职原因要从一次同学聚会说起。那次大学同学聚会，一些在小公司上班的同学也来了，他们个个神采奕奕，很活跃，聊天的过程中也透露出工作十分顺利。这种精神面貌让陈成十分羡慕。

　　当陈成问及他们工作的情况时，其中一个同学感慨地说，幸好当初没有一意孤行地要挤进大公司，到了一家小规模的公司上班。由于公司规模小，人员比较少，老板对每一个员工都十分重视，他得到了很好的培养，刚去就学到了很多东西，后来因为表现不错，被老板提拔，现在已经当上了一个部门的部长，待遇越来越好了。

　　"看着同学意气风发的样子，再看看自己，同样是努力的工作，人家表现好就能被提拔，而我表现再好也不过是保住现有的位置不被淘汰，真是天壤之别。"陈成心里想道。聚会结束之后，他就写了一份辞呈，第二天递了上去。

　　辞职后，陈成重新加入找工作的大军中去，但这次不再要求公司的规模，而更看重发展空间和实际能学到的东西。很快，他就找到了一份比较满意的工作。虽然这家公司的规模完全不能跟以前的相比，但却更能让他体现自己的价值，工作水平和能力很快得到提升。通过努力，陈成不久就从刚进公司的基层员工，变成了公司的一名主管。

由此可见，大公司并不一定意味着好的前途和宽阔的发展空间，小公司也不一定是一个坏的选择。那么刚毕业的我们找工作究竟要着眼于大公司，还是不放过小公司呢？

其实无论多大的公司，都能实现一些人的职业规划，关键是我们要分清楚大公司和小公司对我们发展的利弊，这样才能方便选择，不至于盲目。

大规模的公司当然更有面子。气派的办公大楼、优美的办公环境、宽敞干净的办公桌、强大的集群、空间足够的服务器、可靠的维修部门、完善的工作制度和奖惩措施、优厚的工资水平和福利待遇、巨大的成长空间、各种难得的锻炼机会等，这些都是大公司的优点。随便盘点一下这些优点，就有了很多个让我们选择大公司的理由。

不过凡事都有利有弊，大公司也有一些弊端。在大公司，每个人的分工往往比较专一，特别在一开始，我们负责的部分不会很宽泛，这会导致时间长了，我们的成长只局限于自己负责的领域，很难全面成长。里面的牛人很多，工作分配就变得困难，分到每个人的任务往往都是一个部分，有时支离破碎，有时属于周边的非核心功能事件，很难让我们对全局有一个很好的理解和把握。通常会遇到这样的情况，整个部门开大会，汇报工作进展，我们只能听懂自己汇报的那部分，其他组在做的东西，我们知之甚少，或一概不知。当然这会让我们变得在某一方面更深入，更专业，但其中的利弊就要各位自己衡量了。

现在让我们来比较一下小公司。

与大公司相比，小公司有很多这样那样的不足，但有一点是最让人欣赏的——精气神。通常小公司都是在创业初期，公司里的人都是一起经过努力走过来的，大家对成功很向往，因此有着很好的工作状态。彼此之间更加信任，关系更密切。大公司已经站在一个很高的高度，难免有些知足自满，加之公司的业绩与个人业绩挂钩的比例很小，工作时总让人感觉有点不对劲。从个人技术成长出发，小公司更容易培养出全才，因为总共就没几个干事的人，事无巨细都需要我们来完成，所以大家都会成长很快，而且什么都得会。但是同样带来了弊端，那就是广而不精。

毕业之后，很多同学站在十字路口不知道如何做出正确的决定。我要说的是，不要茫然失措，大家都一样面临着这样的问题，关键是我们要把握好自己，选择正确的方向，然后大步前行。

245

零遗憾忠告：

不管我们选择的路是哪一条，只要方向是正确的，最终都会到达成功的彼岸，正所谓"条条大路通罗马"，不必死脑筋地认为这个选择正确，或者那个选择错误。不同公司的风格也不一样，最适合我们的公司才是最好的公司，而它不分大小。

小城大城，各有各的幸福与哀愁

到了毕业季，就会出现很多让我们纠结的问题，例如选择什么样的工作、什么样的单位，以及工作的地点定在哪里。最后一个问题，相信是不少人正在纠结的。毕业之后何去何从，是到大城市去打拼、寻求机会，还是到小城市发展，这成了很多人难以选择的问题。

就业去大城市还是小城市成了如今大学生比较关注的话题。对于很多想到大城市一展身手来实现自己梦想的人来说，北京、深圳、上海可能是第一选择，这里有许多世界 500 强企业，也有众多的外企和各种大的合资企业。

当初我刚毕业时，也想着城市越大，发展空间也就越大，所以义无反顾地选择了向往的大城市。然而工作之后发现，很多时候还是会想念老家，也想过去一些二线城市，因为大城市的工资待遇虽高，但消费水平也高，而在小城市，同样的薪水能创造更好的生活条件。

王点大学毕业两年了，现在在老家上班，每周一到周五上班，周末跟家人或朋友聚聚，假期稍微长一点就会去旅游，生活平平静静，非常有规律。刚毕业的时候，很多同学都斗志昂扬地向大城市进军，想闯出自己的一番天地，王点也加入其中，义无反顾地跑到上海去找工作。

到上海不久，她就找到了工作，但由于房价很高，她难以独自承担房租，于是她跟几个同学挤在很小的出租屋里，共同承担房租。每天挤地铁，早出晚归，加班更是家常便饭，但她必须强打精神，因为稍有不慎就会被众多前来竞争的人挤下来。

时间久了，王点开始感到压力很大，难以承受，在家人的劝说下，她辞去了上海的工作，回到老家，并在父母的介绍下，到当地的一家小企业找到了工作。工资虽然没有以前高，但老家的消费水平也比较低，每个月都有些富余，这让王点很知足。她很庆幸当初选择回来，这让她的生活变得轻松了。

那么，对于我们来说，大城小城究竟该如何选择呢？我们不妨先来理清一下思路，做一下比较。

　　曾有一份调查报告显示，有 53.5% 的人会认为，大学毕业生确实没有必要一定非要选择到北京、深圳、上海这样的大城市就业，但在社会上还是有 39.7% 的人坚持认为只有在大城市中工作，才能实现自己的价值。

　　大城市集合了各类社会最具优势的各类资源，它是经济、文化、娱乐的中心，可以满足人们对物质和精神的需求。这里有很多我们梦想进入的大企业，有更多的发展机会，舞台也会更广阔，绚丽的霓虹灯、喧哗的街道、冲天的大厦等也都是吸引我们向大城市迈进的理由。

　　然而，好坏总是并存的，大城市也存在一些问题。

　　第一，大城市的生活消费水平高，容易入不敷出。

　　第二，大城市房价太高，一个月的薪水还不够一平方米的房钱。如果不靠父母的支持，一个月薪一万以上的人想在深圳买房攒个首付都至少得五到八年，这还不算后续装修等成本。而小城市房价相对较低，物价水平低，更容易实现买房的愿望。

　　第三，大城市生活节奏快，环境差，城市交通拥挤。相信一些从小城市来到大城市的人都深有体会，大城市人多车多，空气污染大。而小城市呢？通常是空旷的城市，还有不少人力的"黄包车"，没有大型的工业厂房和废弃排放，更多的是发达的手工业，环境舒适，生活安逸。

　　第四，大城市竞争相对激烈，面对人才济济的市场，我们会有很大的压力。在大城市，人才相对集中，我们不愿意做或者做得不好的事情有成千上万的人抢着做，我们还敢怠慢吗？如果没有工作，没有经济收入，我们怎么在这样的一个大城市里生存？就算我们再去找工作，能找到一份满意的工作也是比较难的，因为大城市竞争激烈。

大城市的工作只有相对稳定的没有绝对稳定。或许我们在一个公司很稳定，干得不错，但人外有人，天外有天，说不定有一天公司被竞争对手赶超，被迫解散，同样要从头再来。

公司同样会和同行竞争，加班加点地工作是常有的事情。吃饭不准时，到家吃完晚饭就差不多可以睡觉了，第二天再继续上班。

总之小城市在人际关系上能更有人情味，我们能获得更高的生活质量，有更大的施展空间，工作也会更加稳定，还有着各类国家政府机关和部委对小城市发展的鼓励和激励措施。大学毕业应该选择大城市还是小城市，这个问题是需要多方面考虑的，千万不能盲目地做决定。

零遗憾忠告：

如果你有不错的毅力，不怕吃苦，又有较强的适应能力，能够接受大城市的快节奏和高压力，并且喜欢丰富多彩且充满挑战性的工作，那么就去大城市吧。对于这类人来说，大城市是天堂，而待在小城市很可能会被"憋死"。如果淡泊名利，对物资欲望不高，喜欢按部就班，愿意过平淡的生活，那么小城市应该是一个不错的选择。

勇于"低就"，你才有"高就"的机会

在招聘会现场，众人倚门而立，人群比肩接踵，道无间隙，看过去黑压压一片，大有地动山摇之势。面对这样严峻的就业局面，有些刚刚从象牙塔里出来的高校毕业生有些慌了，我们该何去何从？前面的路似乎真的好迷茫！

现在，有些毕业生抱怨就业难，而企业抱怨招聘难，出现这样尴尬的情况，主要是因为大学毕业生的就业理念可能存在问题。拿着简历，游走于各大招聘会，大家都想找到一份好工作，从此大展宏图。但什么是好工作，好工作凭什么会找上我们，我们是不是真的有能力能驾驭所谓的好工作，这些问题很少有人会考虑到，所以才会出现一些大学生高不成低不就的状况。

有一次在招聘会上，打出了"民营企业大学生招聘会"的红色横幅，"不可能因为挂着大学生招聘会的横幅，我们就只招大学生。对我们来说，不管你学历多么高，我们要的就是人才。"一家机械制造公司的人力资源经理孙先生正坐着看报纸，面前桌上一份简历也没有。

孙经理说，他们公司刚成立不久，正是需要用人的时候，所以最近很多招聘会他都参加了，"我们这个行业，基本上是招不到大学生的。很多大学生过来问我办公室一个月挣多少钱、人力资源部待遇怎么样，至于车间里的各种技工岗位，根本没人过问。""我这次来的目的，其实是想招一些有经验的熟练工，关键要能吃苦。"

很多公司所面临的情况差不多。在这位经理看来，上车间干未必就没有前途。从工人起步，做得好了，可以一步步升职到主管、车间主任甚至副厂长，这样的例子在企业里非常多。"不少大学生一来就想做舒服的工作，还要求待遇高，怎么会有这么好的事呢？"不少用人单位的招聘者都这么说。

其实有很多工作等着人们去做，只是一些背负着大学生这张标签的人，对一些工作不屑一顾，甚至在一些人眼里，找工作"低就"就意味着贬低自己，所以挤破头都要找所谓的高薪好工作。而我要说的是，不要妄想好工作一定会降临在自己头上，只有懂得"低就"，才能有"高就"的机会。

毕业之后，小程开始搬运工生涯。经过两个多月的历练，大学生小程已升级为业务主管。大学毕业之后，小程进入了这家搬家公司上班。他说，那时候做的是搬运工的活，现在做的是脑力活，是"由脖子以下到了脖子以上"——因为以前主要靠体力搬东西，现在则需要他用脑力揽业务。

跑业务的时候，小程会碰到别的公司的业务员。在口才表达方面，小程很自信。而由于搬家业进入门槛低，业务员大多文化程度并不高。小程觉得自己在与客户沟通方面，显然要比同行略胜一筹。与工友们两个月的接触中他发现，知识少的人，认知水平和沟通理解能力都会比较差。

不过，论社会经验，小程比起同行，显然也有差距，但这是所有大学生参加工作时一定要迈过去的坎，如果学习能力强，这些坎迈过去需要的时间应该不会很长。

当主管的头一天，老板跟他切磋起了业务经。小程的老板希望员工们将工作重点放在大型单位的公关上，接一个就是一个大单。但是小程则更看好小社区。他认为，无论什么人都会住一个房子，说不定里面住着的就是单位的处长或科长，服务得好，客人满意，就会有机会接到新业务。以小博大，把业务做成滚雪球似的增长。

是听从已经在这个行业做了十多年的老板的指令，还是按照自己的想法来开展工作，是摆在这个大学生新主管面前的又一个难题，这个难题需要他去获得实践经验来解答，毕竟还是实践出真知。

即使在做搬运工，到单位上个班需要两个小时车程的时候，不管白天多苦多累，每个晚上，小程都给自己安排了充电课程。当上主管后，小程的工资由以前每个月固定的 1500 元变成每个月 3000 元再加提成。只要努力，报酬有很大的上升空间。对于目前的状态，这位大学生主管感觉很满意，他每走一步都离他的目标近一步，理想的实现，显然只是时间长短问题。

我相信，很多刚毕业的大学生对于搬运工的工作一定不屑一顾，认为那是底层人做的工作，自己是天之骄子，怎么能屈居于这样的工作呢？但小程却甘于这样的"低层"工作，并且在岗位上不断努力，最终获得了很多大学生梦寐以求的职位，这是经验和努力换来的结果。

找工作要有正确的心态，这样才不至于迷失方向。

零遗憾忠告：

大学只是一个传授知识的殿堂，一个培养人才的摇篮，并不是进了大学就是人才了。从大学生到人才，这是一个巨大的跨越，而要跨越这一步并非易事。这种人才包含了多方面的要求，包括知识、能力和素质等。